ROBERT DE MONTESQUIOU

LE PARCOURS

DU RÊVE AU SOUVENIR

ÉDITION DÉFINITIVE

AVEC

PORTRAIT DE L'AUTEUR

LE PARCOURS

DU RÊVE AU SOUVENIR

La présente Édition comprend :

I. LES HORTENSIAS BLEUS (DÉCEMBRE 1906)*.
II. LES CHAUVES-SOURIS (MAI 1907).
III. LE CHEF DES ODEURS SUAVES (NOVEMBRE 1907).
IV. LE PARCOURS DU RÊVE AU SOUVENIR (AVRIL 1908).
V. LES PAONS.
VI. LES PERLES ROUGES.
VII. LES PRIÈRES DE TOUS.

* Date de la réimpression.

ROBERT DE MONTESQUIOU

LE PARCOURS
DU RÊVE AU SOUVENIR

ÉDITION DÉFINITIVE
AVEC
PORTRAIT DE L'AUTEUR
D'APRÈS UNE PEINTURE DE LASZLO
1908

Il a été tiré, de cet Ouvrage :
12 Exemplaires, sur papier du Japon,
numérotés et signés par l'Auteur;
et 500 Exemplaires numérotés, sur papier d'alfa
réservés aux Souscripteurs de l'Édition complète.

Exemplaire N° 010

Tous droits réservés, pour tous pays.

LE PARCOURS

DU RÊVE AU SOUVENIR

Des sept Poèmes qui font l'objet de cette réimpression, celui-ci est le seul dont j'aie, un instant, songé à modifier le titre, sans doute, un peu long et, sinon proprement diffus, du moins insuffisamment exact.

Ayant décidé de le maintenir, pour une raison de sentiment, il me plaît de préciser davantage ce que j'entendais lui faire dire.

Gautier affirme, avec une subtilité qui n'a d'égale que sa justesse, qu'un pays, ou une cité, revêt, pour nous, deux apparences : la première, celle dont les doue notre pouvoir imaginatif, avant le voyage et l'étude ; la seconde, qui n'est autre que leur réalité même, constatée et examinée, à laquelle ne survit pas moins le précédent aspect dont les avait dotés notre fantaisie.

Entre ces deux manières d'être des villes et des régions, il y a les routes, les courses et les arrêts, les paysages et les sites, tout ce qui constitue la pérégrination et le pèlerinage, avec les accidents du terrain et les épisodes de la tournée.

C'est un tel intervalle que j'ai voulu décrire ; mais pour des villégiatures, plutôt que pour des migrations ; et, là, je suis le premier à le reconnaître, apparaît la disproportion entre mon intitulé et ce qu'il représente.

Appliquée à une Odyssée Homérique, à un itinéraire Lamartinien, au passage d'un Chateaubriand sur la terre d'Amérique, — ou, plus techniquement, aux explorations d'un Stanley, d'un Nansen ou d'un Nordenskiold, une telle appellation n'aurait rien que d'approprié, et symboliserait excellemment le ruban d'espérance et de mémoire, qui relie entre eux, pour de tels voyageurs, les continents et les pôles, ruban tour à tour d'ombre et de lumière, de terrain et d'eau, de sable ou de neige.

Cependant, cette sorte de parcours, cette forme de ruban, pour n'offrir, à la vérité, que peu de développement, ne sont pas, par suite, condamnés à diminuer d'étendue, en nos esprits, à rétrécir leurs horizons dans notre âme. De plus, (j'en arrive au motif de sentiment que j'invoquais plus haut, et qui plaide pour ce mot *parcours*) un ami, cher parmi tous, et désormais entré dans le silence, m'en indiqua et conseilla le vocable, alors que j'inclinais pour le mot *trajet*, moins sonore et moins ample.

**

Dans celle de mes conférences américaines que j'ai

consacrée au Voyage, tout d'abord, ainsi que je le fais d'ordinaire, je me suis plu à rapporter, à rapprocher les opinions que professent, sur ce propos, et entre mille, quelques-uns de nos auteurs préférés, élus parmi les défunts, ou chez les vivants, pour une conformité de sentiment à l'égard du sujet, ou un regain de pensée.

« Le Voyage », n'est-ce pas le titre donné par Baudelaire à l'un de ses plus émouvants poèmes ? — Il y énumère les raisons qui poussent l'homme à émigrer, pour chercher, dans le déplacement, un dérivatif à des souffrances, telles que l'impossibilité de prophétiser dans un pays, ou de régner dans un cœur.

Mais il existe d'autres voyageurs que les ambitieux déçus et les amoureux incompris. Et ces voyageurs-là, que le poète distingue, ce sont ceux qui partent « pour partir ».

Interrogés, au retour, ils n'en accusent pas moins la vanité du départ, inhabile à combler le désir.

Alors, devant la déception, ou la monotonie des terrestres Eldorados, le chantre des obscures fleurs évoque, invoque celui des voyages qui sera le dernier, lequel, du moins, ne doit pas décevoir, en promettant, dans les régions de l'Inconnu, *du nouveau*, à l'âme blessée et lassée.

Voici, maintenant, un autre voyageur, Vigny. Celui-là s'insurge contre les dévorantes vitesses, non, pourtant, sans leur savoir gré de parfois permettre un dernier adieu qui, sans elles, n'eut pas été recueilli.

Mais, pour son compte, après s'être écrié, parlant des voies ferrées.

> Évitons ces chemins... leur voyage est sans grâces !

l'Auteur de la *Maison du Berger* décrit, en des vers célèbres, définitifs et délicieux, le voyage, selon le rêveur, attardé à toutes les images et à tous les bruits, pleins, pour lui, de suggestions et de songes.

Mais voici que, par un de ces retours singuliers, auxquels se plaisent les revirements de la Mode, qui ne sont souvent que les développements de la Science, l'essence nous rend ce que nous avait enlevé la vapeur, et associe aux paisibles plaisirs du coche, les grisants vertiges de la célérité.

Je veux encore parler d'un homme à qui le Voyage doit une forme de rajeunissement bien digne de louange. — Cet homme, c'est Pierre Loti.

Ce renouvellement, c'est celui dont le révélateur regard d'un artiste unique éclaire des régions jusqu'alors seulement soumises aux calculs des statisticiens, aux observations des ethnographes.

Car, aux pays mêmes où ces derniers nous relataient le nombre des naissances et les formes de l'éducation, le suréminent visiteur de la Chine et du Japon, du Maroc et de la Galilée, nous peint, on ne sait comment, de mots très simples, assemblés en des phrases très magiques, des ciels et des fleurs, des forêts et des éventails, des étoiles et des lampions, des océans et des robes; d'interminables déserts de plantes, d'infinies avenues de cyprès, de millénaires murailles incrustées de faïences, d'éphémères cloisons épanouies de chrysanthèmes; de vieux temples aux murs intérieurs tout en laque d'or, où tous les insectes représentés, les ailes éployées, ont l'air emprisonnés dans de l'ambre liquide, ou bien englués dans du miel.

*
* *

Encore une fois, je ne prétends pas dénommer *Voyages*, de simples promenades. Elles n'en réalisent pas moins une philosophie du déplacement, qui peut s'appliquer à de plus longs exodes. A savoir : une acclimatation de notre Moi, en des milieux nouveaux, en même temps que leur appropriation à nos façons de sentir et de penser, de voir et d'agir.

En un mot, voyager, selon cette formule, ce n'est pas errer çà et là, c'est *exister ailleurs*.

Les essais de cette sorte d'existence transposée que contient le présent volume, je le répète, ne sont guère distants. Ils ont, pour théâtres, le premier, la Bretagne; le second, la Hollande; le troisième, la Suisse ; le quatrième, Venise; le cinquième, Londres; le sixième, Alger; chacune de ces six randonnées empruntant son titre au vocable qui paraît le plus représentatif du pays qu'il désigne : *Clochers*, pour le sol d'Armorique ; *Moulins*, pour la contrée des stathouders; *Névés*, pour la patrie de Tell; *Gondoles*, pour la ville où fleurirent les Doges ; *Brumes*, pour la Cité d'Élisabeth ; *Palmes*, pour la ville où périrent les Deys.

Les Clochers, on les a comparés à des doigts de pierre, sans cesse en train d'indiquer le Ciel à la Mer. Ils ne sont pas moins ajourés que les coiffes de celles qui s'y agenouillent, les graves sœurs de l'héroïne de Brizeux, la douce Marie. — Ces Moulins, moi, je les assimile aux étoiles, à la fois mouvantes et prisonnières, du vert firmament des prairies. Elles voisinent avec les cristallines campanes des carillons et les végétales cloches des tulipes. — Ces Névés, ils continuent de fasciner les touristes, leurs enfants adoptifs, gent plaisamment descriptible, dont la plus comique portion semble avoir pour but de transporter des plumes d'autruches, jusque dans la région des chamois, et de déballer des *smoking* aussi près qu'il se peut du ciel. — Ces Gondoles, elles continuent de transporter des Dames de lettres, qui sentent palpiter en elles un peu de George Sand, pour avoir habité la Corte Minelli, et qui ne s'aperçoivent pas qu'à force de mettre du Maple, où il y avait du Tiepolo, de reconstruire des campaniles et de remplacer Blanche Capello, non moins que Lélia, par elles-mêmes, elles finiront par transformer la capitale de leurs pâmoisons, en une sorte de Cité des Argonautes, qui n'aura plus rien que de truqué, d'artificiel et de risible.

Ces Brumes, elles continuent d'envelopper la « Ville de la Bible », comme l'appelait Verlaine, royaume où la tradition côtoie le *modern-style*, et que le cab traverse avec autant de vélocité que la gondole met de mollesse à sillonner les lagunes. — Ces Palmes, elles continuent d'éventer la Ville du Koran, celle que Fromentin reconnaissait à son odeur, cette odeur faite de pastilles du sérail et de colliers de jasmins, comme sa couleur, elle, est faite de blanc blond, d'azur intense, comme sa musique est faite d'un chant de muezzin, auquel se mêle, pour jamais, la voix de Shéhérazade, occupée à conter Sindbad-le-Marin, Aladin et Badroulboudour.

*
* *

Ce que je veux dire, en conclusion, pour aller au-devant de certains reproches, que n'ont pas évité les plus forts, c'est que ce livre, dans la mesure de ses moyens, qui sont les miens, est de ceux qu'il est difficile de faire accepter, même dans les œuvres les plus justement accréditées.

On pourrait presque dire que cette difficulté s'accroît, pour les écrivains, dans la proportion où le crédit fut accordé à leurs ouvrages d'un autre genre.

Après avoir, une fois de plus, rappelé que les exemples, pour être éloquents, me paraissent toujours devoir être pris sur les hauteurs, je ferai observer que, même pour certains fervents de Victor Hugo, la *Chanson des Rues et des Bois* n'a pas encore fait ses preuves. L'énormité du Grand Poète, en se transposant dans la facétie, y détermine des effets de comique géant, qui ne sont pas sans déconcerter, fût-ce de bons lecteurs.

Je ne parle pas des autres que, toute mon adolescence, j'ai entendu faire à propos des célèbres « torchons radieux » et du fameux « As-tu déjeuné Jacob ? », des plaisanteries qu'ils croyaient attiques.

L'acte de « mettre Pégase au vert », selon l'expression d'Hugo en personne, au début de son merveilleux chansonnier, n'est pas, même pour de vrais poètes, sans leur faire courir, et jusque chez leurs véritables fidèles, des risques dans l'esprit de ceux qui n'admettent, pour le cheval ailé, que des bonds héroïques.

Je ne partage pas l'avis de ceux-là, car j'estime, au contraire, que rien ne prouve la maîtrise, comme de faire exécuter au coursier fabuleux, de plus familières voltes.

Je vais plus loin. Jamais, je l'avoue, Léonard ne me semble si grand que le jour où je le vois dessiner une violette, avec autant d'application que le visage même de la Joconde. — Et c'est tout au plus si l'auteur de *La Légende* ne me paraît pas se surpasser, quand il daigne s'égayer merveilleusement, tout comme nous ravir, en nous rapportant les saillies du passereau, ou en nous décrivant la rosace ourdie par l'araignée, au cours de la Messe que célèbre le Jardin, pour la Première Communion de la rose.

*
* *

Je voudrais bien, parlant de mon petit Livre, après ces exemples signalés, ne sembler mettre dans ce corollaire, que ce qu'il contient, c'est-à-dire le souci d'un élève respectueux, à l'égard de ses inimitables modèles.

Ceci dit, j'ose rappeler, non, tout de même, sans un peu d'orgueil, que les badinages de Puck, mon collaborateur, durant ce Parcours, n'ont pas, tout d'abord, été sans quelque scandale. Au point même de discréditer légèrement ce que m'avait peut-être, ailleurs, suggéré Ariel, mon collaborateur pour de précédents volumes.

J'ose espérer qu'il n'en sera pas de même aujourd'hui. D'abord, parce que cette réimpression est, de beaucoup, moins exubérante et, disons-le, moins dispersée. En outre, parce que j'ose appliquer à mes humbles carnets de route, jeunes et rajeunis, une modeste part de la fière réflexion d'un de nos Maîtres, sur le peu de temps qui s'écoule, pour certaines œuvres, entre le reproche de témérité dont on cherchait à les empêcher de croître, et le reproche de timidité dont on s'essaie à les amoindrir.

Robert de Montesquiou.

VIATIQUE

> Qui pense à voyager
> Doit savoir écouter,
> D'un pas égal marcher,
> Ne point trop se charger,
> Et soucis oublier.
> *Guide du Voyageur.*

Tu poses tes soucis comme on pose son verre,
Heureux *Guide,* qui veux conduire les mortels
A travers les replis de leur âme sévère,
Et non plus seulement à travers les hôtels.

Puisqu'il faut *écouter,* écoute donc, ô Guide !
Récolte, arbre savant, le fruit de tes bourgeons :
Nous fuyons les rancœurs de notre âme languide,
Et ne *voyageons* pas lorsque nous y *songeons.*

Nous ne sommes pas ceux qui sont, à ce point, sages,
De s'en aller, avec de grands bâtons ferrés,
Noyer leur petitesse en de grands paysages,
Auxquels nous préférons nos sentiers préférés ;

Des coins mystérieux sous le toit des ramures
Qui font errer leur ombre aux surfaces des eaux
Et mettent, au-dessus du front, de verts murmures,
Et, sur le chemin blond, de bleuâtres réseaux.

Nous ne sommes pas ceux qui s'en vont, dans les Suisses,
Faire le pique-nique et les excursions ;
Et nous aimons bien mieux, Guide, quoi que tu puisses,
Reparcourir cent fois nos antiques Sions ;

Nos Sions de douleur, villes inconsolées,
Jérusalems de feux, Hiérosolymes d'or,
Où, sous l'enchantement de formes désolées,
Notre mélancolie éternelle s'endort.

*
* *

Ne point trop se charger — ton exergue l'indique ;
D'un pas égal marcher en est le résultat ;
Certe : abdiquer le faix sous lequel on claudique,
Cela, peut-être bien, ferait qu'on exultât.

Ce faix-là, c'est, pour moi, les vivantes alarmes
Qui renaissent, ainsi que l'Hydre, de leur sang ;
Les antiques douleurs et les anciennes larmes
Dont notre âme est, sans fin, le filtre frémissant.

Le vain pleur du regret, poire de perle grise,
Se détachant du rêve, ainsi que d'un plafond
De stalactite, qui se durcit et s'irise,
Et tombe dans la nuit du souvenir profond.

Dès l'aube se lever est ce que peu l'on aime,
Quand on est la cigale, et non pas la fourmi ;
Et que, précisément, on fut celui-là même
« Qu'on éveille avant l'aube et qui n'a pas dormi*».

Et soucis oublier! — O mes chères tristesses,
Dieu me garde à jamais de payer d'un affront
Les chants dont vous charmez, ô douces poétesses,
Les désolations éparses sous mon front.

Dolents oiseaux reclus en mon cœur, morne cage,
Je veux vous emporter partout où je m'en vais ;
Pour toujours vous serez l'excédent de bagage,
Qui me sera coûteux et cher, mais non mauvais.

Je vous aime beaucoup, vous êtes les prunelles
De mon âme, par où je sanglote, et je vois !
Et, si vous êtes mes pleureuses éternelles,
Vous êtes bien aussi mes rieuses, parfois,

Quand vous sentez, sur vous, s'égrener les sentences
Du chapelet bénit de l'Imbécillité,
De ceux dont les soucis reçoivent des quittances,
Et par qui le plaisir, à son heure, est cité !

* Victor Hugo.

à Madame Judith GAUTIER.

CLOCHERS

BRETAGNE

> O Terre de granit recouverte de chênes !
> BRIZEUX.

Juillet, Août. 1881.

DÉDICACES

I

In nomine patris.

Vous qui fûtes *Judith Walter*,
Redevenez Judith Gautier.
Walter ne peut que vous ôter...
Rendez-nous *Gautier*, tout entier.

Mais j'aimais ce *Walter* des eaux,
Walter de la Wogelweide;
C'est par lui que je fus guidé
Parmi votre *Pré des Oiseaux*.

D'oiseaux, là, pas un je ne vis.
J'entendis ceux de vos parlers,
Dans vos propos d'azur ourlés
Par la Mer aux salins parvis.

II

OFFRANDE

Chère Japonaise,
Et chère Chinoise aussi,
　Je serais bien aise
Si cette fleur Bretonnaise
Te réjouissait ici.

O chère Chinoise,
Chère Japonaise encor,
　Chercheras-tu noise
A cette âme Bretonnoise
Qui te donne son décor.

Tel, je te dédie,
En *outas* dont tu dotas
　Notre prosodie,
Cette morne monodie,
Où je greffe ces outas,

Cette strophe vive,
Prise encor vivante au cœur
　Du pays, pensive...
Jeune Japon qui s'active
Et vieux Japon en langueur.

III

LA SOURIS ROUGE*

> Une note plaintive, une note bizarre.
> BAUDELAIRE.

Comme c'était le jour de sa fête, on tenait
A ne lui ménager ni la fleur, ni l'hommage :
Un piège à sauterelle, une éclisse à fromage,
L'égipyre, la knyse, et la menthe et l'aneth.

On eût dit Cynthia chez Flore mendiante ;
La brassée odorante en ses bras s'épanchait :
L'hélikryse, l'anis, la sauge, le souchet,
La khélidoine bleue et la verte adiante ;

La paliure, le pouliot, le persil,
Le bourgeon sur la fleur entr'ouvert comme un cil,
Le lentisque odorant, le cytise, l'égile ;

Mais, Elle, toujours pâle et regardant courir,
Autour de ses doigts blancs, chaque tige fragile,
Dit : « A quoi bon fêter, puisque l'on doit mourir ? »

---

* « Ah ! au milieu de ses chants, une souris rouge s'est échappée de sa bouche. »
FAUST.

IV

Sous le Notos hurleur ou sous l'Euros paterne,
Flots, berceaux des soleils, et vagues, leurs tombeaux ;
O Mer, versicolore azur, redite terne,
Ou luisante, des faits et gestes de Phoibos ;

Peut-être déplorant ton rôle subalterne,
Corail épanoui sous ses levers dispos,
Sanglant rubis, sous ses couchers, d'une citerne
Aux paisibles reflets, crois-tu les sorts plus beaux ?

O tain inconscient, impersonnel mirage
Qui répètes la paix, qui rabâches la rage
Du ciel capricieux, du ciel supérieur ;

Ton flux et ton reflux vocifèrent des lieues
De paradoxes fous, que le remous crieur
Construit de saphirs verts et d'émeraudes bleues.

V

> J'ai éprouvé que la vue
> de la Mer est consolante.
> STENDAHL.

O mon âme, viens-t'en vers ces beaux bords bretons
    Où la bonté des baies,
Des saphirs étoilés distillera les tons
    Sur tes amours tombées.

Il te plaira de voir, près des champs bleus, les champs
    Bruns comme un froc de moine ;
Et d'écouter bruire, au bord des flux méchants,
    La cliquetante avoine.

Il te plaira d'ouïr, près des rythmes marins,
    Les rumeurs de la terre ;
Et, dans l'ombre du soir, chants suaves, pleurs chagrins,
    Se mêler leur mystère.

Il te plaira de voir, près des barques à flot,
    Les barques amarrées ;
Et près des quilles, socs des mers, le matelot,
    Laboureur des marées.

Il te plaira de voir se franger aux brisants
      L'eau, dans un bruit de meules ;
Et se multiplier, sur des chefs de six ans,
      Le bonnet des aïeules.

Il te plaira de voir palpiter sur maint front
      Les grandes coiffes blanches
Des femmes de pêcheurs, qui travaillent en rond
      Aux habits des dimanches.

Il te plaira de voir la maille des filets
      Accrocher sa guipure
Au chaume des hameaux ; et les fins batelets
      Glisser sur l'onde pure.

Il te plaira de voir flotter dans les lointains
      Leurs triangles rougeâtres
Dont l'épouse, l'hiver, rumine les destins
      Près du déclin des âtres.

Il te plaira de voir l'oiseau se mirer sur
      Cette glace moirée...
Il te plaira de voir, près des plants de l'azur,
      Une moisson dorée.

Partons, car rien ne vaut, mon âme, pour calmer
      Le spleen affreux des marbres,
De regarder s'unir le changeant outremer,
      Au vert fixe des arbres !

※

Il te plaira d'entendre, encor, dans les rameaux
  Du pin, les rythmes vagues
Que la Mer y laissa, qui fait pleurer nos maux
  Par la plainte des vagues.

L'arbre tout près de l'onde a lentement grandi,
  Accointances étranges...
Il a bleui par elle — elle a, par lui, verdi ;
  Ils ont fait des échanges.

Le tronc qui, lentement, au bord du flot, s'accroît,
  Conserve, dans sa branche,
La langueur du suroît, la fureur du noroît,
  Les flûtes, et leur anche.

Leur duel s'organise ; et sous l'astre qui luit,
  L'un rit, l'autre grommelle ;
Chacun s'évertue, elle, à chanter comme lui ;
  Lui, pour gémir comme elle.

Mais la vieille pleureuse, experte en tous les tons,
  Se rit de son disciple,
Et lui scande sans fin : *rentre tes blancs moutons !*
  Sur un mode multiple.

Ils luttent, comme dans une idylle, un berger
        Poursuit sa lutte, éprise
D'une coupe de cire, où l'on voit émerger
        Le fruit de l'hélikryse.

Mais leur joute est risible... ainsi rit l'Hélicon
        Alors que Théocrite
Fait, contre Komatas, se proposer Lakon,
        Le pasteur sybarite.

VI

MARINES

Comme un très bon élève, et qui s'est installé,
Pour faire, d'un grand site, une *petite vue ;*
Avec tout ce qu'il faut pour qu'on soit outillé,
Et pouvoir, au besoin, réparer la bévue.

A ma fenêtre, plus ponctuel qu'une Héro,
Je contemple la Mer qui pose pour ma plume ;
La Mer, tendre parfois ; parfois, comme une enclume,
Gémissante, par mes vitres mise au carreau.

Très littéralement, je traduis l'émeraude
Des forêts, qui, souvent, liquéfiée, y rôde,
Puis, soudain, se transforme en liquide saphir ;

Comme si, du ciel bleu qui la métamorphose,
Tout l'azur y venait murmurer, et mourir...
Et j'ai pour essuie-plume un pétale de rose.

VII

MARIQUE TERRÂQUE

L'Océan, forêt bleue, ayant pour rossignol
La mouette, sans fin exerce son allure
Sous mon store pareil au rideau de Guignol,
Et qu'un coloriage étrange peinturlure.

Assis à ma fenêtre, et buvant mon porto,
Je saisis la nuance et je note la phase ;
Je vois le golfe d'or s'emplir comme un beau vase...
C'est la *grande marée*, ou bien, c'est la *morte-eau*.

La Mer, pâle émeraude, ou saphir taciturne,
Des versatiles cieux inconscient miroir,
Laisse dans son cristal tour à tour se mouvoir
La diurne splendeur ou la pâleur nocturne.

A la plaine liquide adaptant messidor,
Ou prairial, elle est, tour à tour, blonde, ou verte :
Et parfois, au-dessus, le soleil, puis, à perte
De vue, un reflet droit, tracent un grand I d'or...

Sous la grotte sacrée et sombre comme un Temple,
J'entends l'onde chanter : *rentre tes blancs moutons...*
Car, j'entends, et je vois, et sans fin je contemple
L'écume, où le pêcheur Olpis guette les thons.

Il s'y mêle des bruits de la rue... une chatte
Miaulait ; aussitôt, mon vers la burina ;
Cependant que, là-bas, s'éloigne un cul-de-jatte
Qui rythme ses douleurs sur une ocarina.

VIII

SILHOUETTES

C'était le soir, c'était la brune.
C'était la vesprée et l'embrun...
L'étoile naît une par une,
Et les bruits meurent un par un.

Un estropié, dont le pagne
De mainte pièce s'écailla,
Clopin-clopant, dans la campagne,
Déhanchait son cahin-caha.

Sous la caresse du ciel sombre,
Ce tronc sans yeux, sans pied, sans main,
(Tel un grand cloporte), dans l'ombre,
Sent, en lui, battre un cœur humain.

Combien je préfère une chatte
(C'est aux environs de Tréguier...)
Qui, tout en se léchant la patte,
Miaule à l'ombre d'un figuier,

A la demoiselle qui jappe
Une cavatine d'Auber ;
Et dont le trille qui s'échappe,
Sans relâche vient nous dauber.

Son petit arpège malingre,
A la main gauche, maigrement
S'exerce, accompagnement pingre
D'une voix pingre mêmement.

Elle piaille, elle piaule...
— C'est aux environs de Tréguier...
La gentille chatte miaule,
Et se lèche, sous son figuier.

*
* *

Tu te crois seul, et sans disciple ;
Mais tu n'as pas vu s'approcher
Le petit galopin multiple
Aux jambes couleur de rocher ;

Et qui, voyant que tu ne tues
Rien... peu à peu s'avancerait,
Pareil aux petites tortues
Du grand lac de Génézareth !

IX

SUB SOLE

> L'espoir serein nous réclame.
> BRIZEUX.

Tout en discutant l'apparence,
Saint Renan et Monsieur Renan,
Nous avions descendu la Rance,
Et nous arrivions à Dinan.

Deux gamins, sur nos sacs, faiblesse
Oblige, luttèrent d'abord,
Et nous eûmes cette noblesse
D'être de l'avis du plus fort.

C'était un bambin taciturne,
Sorte de fruit trop tôt mûri ;
Son enfance semblait nocturne
Comme s'il n'eût jamais souri.

Il nous guida par cette rampe
Qui mène à la vieille cité,
Dont la muraille en l'onde trempe
Sa base, et mire sa beauté.

Coquette neuf fois centenaire,
L'antique ville, chaque Juin,
De mélisse et de saponaire
Se décore de loin en loin.

L'enfant que la bise basane
Nous fit voir, par mont et par val,
La place de la Duchesse Anne
Et le quartier du *Jerzhual;*

La cathédrale obligatoire,
Où dort d'un sommeil éternel,
Dans sa sépulture notoire,
Près de Thiphaine Raguenel,

Sa femme, le grand Connétable
Du Guesclin ; — le musée où l'on
Montre une mèche véritable,
Des cheveux de Napoléon.

Froid pandémonium qui loge
Et présente aux yeux éblouis,
L'ancien mouvement de l'horloge,
De l'écriture de Louis

Seize ; une clef de son ouvrage,
Auprès du modèle falot
Du clocher de Dol qui s'étage,
Près d'un crâne de cachalot.

Notre guide, dont la voix sonne,
Ne nous faisait grâce de rien ;
Mêlant Saint Jacut en personne
Au meurtrier de Calorien.

Mais, dès que nous l'interrogeâmes
Sur lui-même... il se tut ; des pleurs
Sont dans la corolle des âmes
Et la collerette des fleurs.

Or, voici ce que nous apprîmes :
Il était orphelin, couchait
Sur la dure... tu les opprimes,
O Sort, parfois dès le hochet !

Loin que la nuit, qui désespère,
Sous son front pourtant s'attristât,
Son regard flamboyait : du père,
Mort au service de l'État,

La retraite qui s'accumule,
Jusqu'à la majorité croît ;
Et, pour devenir son émule,
A l'école, au fils, donne droit.

Il y doit entrer, la semaine
Prochaine... en sa voix de métal,
Vibrait, de l'espérance humaine,
Le vouloir formel et brutal.

Et j'admirais le grand rouage,
Qui, sur la tombe d'un martyr,
Permet à ce jeune courage
De s'étayer et de grandir.

Car la vie était tout amère,
A cet enfant, dès son éveil,
Il avait perdu père et mère ;
Mais il lui restait le soleil !

X

Quimper est une aimable ville,
  C'est un impair
Qu'en médire... on chante Séville,
  Et moi, Kemper.

D'abord, voici sa cathédrale,
  Fleur de rocher,
Pousser l'élégante spirale
  De son clocher.

Il n'est nullement besoin d'être
  Ignorantin,
Pour aimer à voir apparaître
  Saint-Corentin.

Oui, *de visu*, je me rebèque,
  Car je le vis ;
Et vous êtes, Monsieur l'Évêque,
  De mon avis ;

Vous dont, pour bien goûter Horace,
On a perché,
Sur çette charmante terrasse,
Cet évêché.

Le Quimperois, chaque vesprée,
Vient à l'Odet
Mêler son onde diaprée,
Et qui se tait.

Or, un son de voix, même tendre,
Ne me plaît pas
Toujours... il me suffit d'entendre,
Le bruit des pas.

XI

SEMENCES

Dans la cité bretonne, on voit souvent passer,
      Par la rue où l'on erre,
Comme un flot noir, que la houle fait se presser,
      Un petit séminaire.

Ils n'ont en somme rien des bonzes qu'au Japon,
      Sur les plateaux, on laque,
Tous ces menus abbés : leur air n'est point fripon ;
      Et leur soutane claque.

Pour l'office divin, vers l'église ils s'en vont,
      Pleins de rubriques pies ;
Emportant, sous leurs bras, les surplis, qui les font
      Passer, de corbeaux, pies.

Et je songe au bonheur qu'en eux ils sentiront
      Crouler par avalanches,
Quand, pour leur propre compte, à l'autel, ils iront
      Dire leurs *messes blanches !*

* * *

J'aime fort ce pays, et son naïf décor,
    Gardien des mœurs antiques,
Où les servantes, et les maîtresses, encor,
    Ont des coiffes gothiques.

Et, quand la chambrière, à quelque bonnet haut,
    Passe, à table, la dinde,
On croirait voir servir, par la fille Mahaut,
    Une dame Adelinde.

Mais, pour tant de clochers offerts, qu'un Dieu vengeur,
    A sa terre bretonne,
Ait infligé l'affront du commis voyageur...
    Vraiment cela m'étonne !

XII

HODIERNA

C'est autre chose que Deauville,
Audierne; on y voit, d'abord,
Une hôtesse très incivile,
Sur une porte, près d'un port.

Le désir d'admirer du marbre
Y serait pris au dépourvu ;
Même échec, s'il s'agit d'un arbre ;
On n'en a, je crois, jamais vu.

On n'y voit pas vers l'eau descendre
Les gommeux qui savent charmer ;
Mais son sable, fin comme cendre,
Est très fécond en poux de mer.

On n'y voit, sur aucunes planches,
Lancer des robes, des habits ;
Mais, à côté des brebis blanches,
Pâturent de noires brebis.

On n'y voit, par aucunes fentes,
Fleurir des appâts remarqués ;
Mais de menus béguins d'Infantes
Sur des têtes de Velasquez.

On n'y voit point, sur un corsage,
De gardénias à gogo ;
Mais, sur le sable, est en usage
Le chardon bleu dont parle Hugo.

Si l'on y voit peu de guipure,
Sur les taffetas ménagés,
Voici se lever l'aube pure
Entre les fins jours des clochers.

Pas la moindre de ces factices
Dentelles que l'on nomme : *points ;*
Mais, le ciel, dans les interstices
Des murs faits en granits disjoints.

On n'y voit, pour tout chignon jaune,
Qu'ébouriffé sur un minois,
Un fagot de paille. — Le faune
Qui le suit, est Audiernois.

La brise n'y cherche pas noise
Aux *Gainsborough* que l'on connaît ;
Mais, sur un front d'Audiernoise,
A l'édifice d'un bonnet.

HODIERNA

Si l'on y voit, des demoiselles,
Ce bonnet pendu peu souvent ;
On peut, du moins, guetter les ailes
Des patients moulins à vent.

Il n'y règne aucune madame
En cothurnes de J. Ferry ;
Mais, la bourrasque, dont s'entame
Le roc, jamais endolori.

On n'y voit pas plus de cocotte
Que l'on n'y voit de cocotier ;
Mais la bergère qui tricote,
En chantant, au bord du sentier.

Nulle hétaïre n'y dégrafe
Son peignoir, au soleil couché ;
Mais, sur un fil du télégraphe,
On signale un merle perché.

Aucune Incroyable n'y lorgne
Son bel Incroyable fluet ;
Mais, auprès d'une maison borgne,
Je vois s'asseoir un sourd-muet.

Point d'infidèles, que je sache ;
Et, pas de cornards ; j'en suis sûr ;
Mais voici deux cornes de vache
Qui pointent au-dessus d'un mur.

On n'y perçoit nul bruit de lèvres
De châtelaine à lévrier ;
Mais on entend bêler les chèvres,
Et chevroter le chevrier.

On n'entend pas dire : « ma chère ! »
Par des belles à marabout ;
Mais voici des brins de fougère
Recroquevillés par le bout.

Sur les grèves saines et sauves
Des chants de Judic, abolis,
On distingue le cri des mauves,
Des mouettes et des courlis ;

Et, pour la diction savante
De Mademoiselle Favart,
J'écoute, dans le vent, qui vente,
Crier un goéland bavard.

Malgré tout, en somme, Audierne,
Je vous le dis en vérité,
Semblerait même un séjour terne
A nos Dames de Charité !

XIII

En somme rien n'est plus notoire,
  Certes, pas un
N'est ton égal, ô promontoire
  Du cap Sizun.

Ici, plus rien de l'alouette ;
  Tout le défend !
On entend pleurer la mouette,
  Comme un enfant.

Sur la roche, du flot baignée,
  Le voyageur
A l'air d'une vaste araignée,
  Au bras faucheur.

Sa fragilité que menace
  Le trou béant,
Chevauche cette carapace
  Au dos géant.

Un rocher, dans la mer, se vautre,
    Tel un lion
Égyptien, rêvant d'un autre
    Champollion.

Nous voici, loin de la lumière
    De Jablockoff,
Près de ta plainte coutumière,
    Enfer Plogoff.

Sur la grève, ô mon désir vague,
    Rêve avorté,
J'ai gravé ton nom... mais la vague
    L'a remporté.

Voici que la brise est tombée...
    C'en est assez ;
Et l'on prend son bain dans la baie
    Des Trépassés.

à M. Gustave GEFFROY.

XIV

ALGUE VIVE

Nous venions d'assister au bain de cette armée
Des soldats accourus, en nombre, de leur fort ;
Nudité vive, et tumultueuse, charmée
Par l'air salubre, par le salutaire effort.

Or, le flot, tout à coup, grossit ; voici l'orage :
Les baigneurs effarés se rassemblent soudain,
Et regagnent la berge échappée à la rage
De l'écume fleurie en mugissant jardin.

Mais un écervelé qui n'est là que par fraude,
Et, parmi d'autres, se dissimule, au lointain,
Pour prendre encor sa part de la vive émeraude
Dont il goûtait déjà la fraîcheur, le matin,

Dès la première alarme, abandonné peut-être,
Par ceux qui l'entraînaient, voit, tout d'abord, craintif,
Une punition se dresser ; puis, paraître
La mort même, debout, au bord de ce récif.

Il pousse un cri! — Ce cri, je l'ai dans les oreilles
Jusqu'à ma dernière heure! un cri plaintif et fort,
Un formidable cri, plein d'affres nonpareilles,
Cri de toute la vie hurlant toute la mort!

Mais, sous les ciels marins, ces choses sont connues;
Ces malheurs sont communs, ces crimes sont aisés;
De pareils pleurs sont bus, tous les jours, par les nues;
Les sanglots de la grève en sont vite apaisés.

Les sanglots de Rachel, seuls, sont inconsolables;
La mère de ce fils venait, le lendemain,
Libérer cet enfant unique, et que les sables
Allaient rendre, sanglant, à sa tremblante main.

Aucun essai tenté de sauvetage, nulles
Recherches; à quoi bon exposer à coup sûr,
D'autres gens à la mort, pour les deux ou trois bulles
Qu'expira l'imprudent dont le sort était mûr?

La compagnie, houleuse, et pourtant atterrée,
Regagna la caserne, et le jour déclina...
Puis la lune, d'un peu de vapeur, altérée,
Sur ce drame fini, doucement s'inclina.

La tempête s'achève et le flot se retire;
Les goémons, et les fucus, et les varechs
Dardent l'odeur saline; et le récent martyre
Du jeune homme oublié laisse tous les yeux secs.

ALGUE VIVE

A peine deux falots, sur la luisante roche,
Comme ceux de pêcheurs que l'eau n'a pas vaincus,
Font glisser leur lueur mouvante qui s'accroche
Aux goémons, sur les varechs, dans les fucus.

Et nous errons. La mer murmure, puis s'éloigne
Encore. Enfin la fleur mouvante d'un corps blanc
Et souple, entre les flots, apparaît, et témoigne
De la présence, là, du cadavre semblant

Quelque étoile de mer géante, une actinie
Énorme, tour à tour reprise, balançant
Ses membres morts, raidis soudain, quand fut finie
Cette lutte de pleurs de sel, de pleurs de sang ;

Et qui dépose comme un Adonis de marbre,
Encore un peu rosé, sur les verts goémons,
Les fucus, les varechs, visqueuses branches d'arbre
Marines, et cheveux éperdus de démons.

Adonis que Vénus et Téthys ceignent, seules,
Des violettes de la mort ; Hylas tombé,
Sur lequel vont rouler, comme des cris de meules,
Les lamentations d'un peu de Niobé.

Ton temps allait finir demain, légionnaire
Enfant, unique fils d'une douce union ;
Ta mère te venait reprendre pour une ère
De bonheur, d'espérance... hélas! dérision!

Tu vas rouler aux flots de ses larmes salées ;
Reste là, beau corps blanc, jusques à son retour ;
Demain ! Larmes d'horreur et d'extase mêlées
Dont à ta vue, ainsi, va fondre son amour.

Larmes qui vont encor soulever, assouplies,
Tes chairs et, dans un gouffre aux désespoirs béants,
Remporter, pour jamais, tes formes recueillies
Par l'âme maternelle aux plaintifs océans !

XV

On ramasse, dans cette baie,
Des galets en forme de cœurs...
C'est pourquoi, de sa mélopée,
Émanent de vagues langueurs.

Sur les plages musiciennes,
Ces galets, de rouge tachés,
Semblent, en des douleurs anciennes,
Des cœurs, à jamais, attachés.

L'Océan, sans trêve, les roule ;
La terre les renvoie au flot ;
Et, dans la vague qui s'écroule,
J'entends s'écouler leur sanglot.

Ainsi s'expliquent, de ces grèves,
Les envahissantes langueurs...
Les trépassés, ce sont nos rêves ;
Les cimetières sont nos cœurs.

XVI

A la poursuite d'une rime
Féminine, qui peut manquer,
N'allez pas aux lieux où l'on trime
De Plous en Plous, de Ker en Ker !

Car vous tomberiez de Charybdes
En Scyllas, et de Kerlutu
En Kerlor ; et la rime en ybdes
Vous répondrait : Turlututu !

Sans ouïr ces oiselles rares
Se becqueter au bout du vers,
Vous arpenteriez bien des ares,
Des Plougastels aux Plougonvers.

Plouzevédé, Pleuc, Plogonnec,
Plourivo, Plourin, Ploufragan ;
Ploudalmazeau, Ploubazlannec,
Plouguerneau, Plouha, Plougrescan.

Kérouséré, Kerbistoret,
Kerity, Kernuz, Kerloaz,
Kernascléden, Kerhuzoret,
Kershéro, Kéroman, Kerlas !

XVII

A Prat-en-Raz, près Kéridreuf,
Le suzerain que l'on ménage,
Tous les ans, de chaque ménage,
A Pâques, exigeait un œuf.

Guenguat a la tombe notoire
D'un Hervé de Saint-Alouarn ;
Et, l'Ile Tristan, la mémoire
Du prieuré Saint-Tutuarn.

Trégunc a la pierre où s'éprouve
La vertu des femmes. — Quelqu'un
Des maris dont le malheur couve
Devrait bien visiter Trégunc.

A Kérity, Sainte Thumette
A son église ; Kerlutu,
Le saut qu'on fait, pour peu qu'on mette
En colère un diable têtu.

Locmariaquer la Druidique
A Dol-ar-mar-Hadourien,
Table des marchands, comme indique
Son nom... Kercadoret n'a rien.

La pointe Castelli qu'entame
La vague, possède le Trou
Dit *du Chat*, le *Trou de Madame*
Et le trou dit du *Moine Fou*.

Traict a le cap *de la Mamelle*,
Promontoire artificiel ;
A Sarzau, la vague grommelle ;
A Saint-Gildas bleuit le ciel.

Saint Herbot, le patron des bêtes
A cornes, — son caprice est tel,
Exige, pour sauver leurs têtes,
Leur queue offerte à son autel.

Le brave Saint Hervé s'applique
A rendre les moutons heureux ;
Adrien guérit la colique,
Et, Théodore, le fiévreux.

Le Faouët a la chapelle
Que, près de se casser le cou,
A Sainte Barbe, qu'il appelle,
Vote un seigneur de Toulbodou.

A Stival, la cloche qu'on nomme
Bonnet de Saint Meriadec,
Veut bien, sur la tête d'un homme
Sourd, carillonner bref et sec.

Ce Saint, dont la gloire est meilleure
Que la gloire des Ixions,
Pour fêter Dieu, faisait, par heure,
Quatre-vingts génuflexions.

A Carhaix — Ker-Ahès peut-être...
On voit des cheveux de la Tour
D'Auvergne, ses boutons de guêtre,
Et sa dent — et c'est un beau jour !

C'est de quoi, vers le Finistère,
Tourner plus d'un rêve en émoi...
Mais j'en sais encore un mystère
Qui ne s'est trahi que pour moi.

XVIII

COURRIERS

Vous qui rêviez un chariot
Que traîneraient de Grandes Ourses,
Ayant, pour lanterne, Allioth...
Vous échouez *Villa des Courses !*

Votre appétence de l'exquis
A cette solution vile,
De vous ensabler au màkis
Qu'on nomme Trouville-Deauville.

Escomptant des cieux pleins d'appâts,
Vous tombez dans cette géhenne
Où vous guette, n'en doutez pas,
Une fièvre paludéenne.

Mais si votre santé, bon teint,
Vous met à l'abri du miasme,
Traversant ce marais Pontin,
Vous aurez cet enthousiasme

De voir s'ouvrir un piano
Sur une estacade coquette...
Donc, s'il est là-dessous, l'anneau
De Salomon, subit Planquette.

*
* *

Il semble une arche de Noé,
En palissandre, lisse et triste ;
Ou le coffre de Danaé,
Veillé par un claveciniste,

Cet Erard qui, sur l'horizon,
Se profile dans le soir fauve,
Et fait rêver plus d'un poisson,
En effrayant plus d'une mauve.

Il déconcerte étrangement
Les habitations humides ;
Et ces cent mille Océanides,
Dont Prométhée était l'amant,

S'étonnent, sur leur glauque empire,
D'entendre jouer, par ce Tra
La la, des valses... et, le pire,
Elles sont souvent de Métra

Dont *la Vague* sentimentale,
Parmi le véritable flot,
Fait courir son onde fatale,
Et s'éteindre plus d'un falot,

Quand, parmi tant de glauques raies,
Qu'elle croit très bien copier,
Elle ose bien, aux houles vraies,
Mêler sa houle de papier.

Puis, n'est-ce pas une injustice,
Pour une coupe de Thulé,
D'entendre, par un interstice,
Pleuvoir un air intitulé :

Cœur d'artichaut, Fraise au champagne,
Danses inédites de Klein,
Que, sans préjugés, accompagne
L'Océan, au sanglot enclin,

Où la Néréide importune,
Dans le bleu de ses profondeurs,
La patience de Neptune
D'un flonflon des *Ambassadeurs !*

XIX

LE MÊME AU MÊME

Ami, par val et par montagne,
Je dis que tu devrais venir
Me rejoindre, en cette Bretagne,
Pays du *dol-men*, du *men-hir*.

Je veux que ton rêve s'assoiffe,
Ainsi que le mien, du désir,
De voir palpiter la grand'coiffe,
Aux ailerons blancs à plaisir.

Pour trouver les choses perdues...
— Plût à Dieu qu'il nous exauçât !
Nous implorerons les statues
Du bienheureux Discalceat.

Ce cordelier que l'on vénère,
N'aimait point purger ses habits,
De la vermine octogénaire
Qui s'y fécondait sans répits.

LE MÊME AU MÊME

Même il lui disait : « Sur ma cotte
Croissez et vous multipliez! »
Aussi, jamais, à la *secotte*,
Il ne suivait les cordeliers.

Et sa folle miséricorde
Aux puces à califourchon
Sur sa manch'ette, ou sur sa corde,
Ouvrait encor son capuchon.

Or, ceci vaudrait la battue,
S'il se pouvait que nous sûssions,
Grâce au Saint qui tout restitue...
Où gisent... nos illusions !

XX

LE MÊME A LA MÊME

Avec toi, je voudrais, ma chère,
Voyager au pays Breton ;
Audierne est une jachère,
La mouette y donne le ton.

Douarnenez est une baie
'Sublime, qui ne connaîtra
Jamais la tête de poupée
De Catinette ou de Cora.

La vache bretonne pâture,
A l'ombre des rameaux tremblants,
Dans les prés verts qu'elle rature
D'hiéroglyphes noirs et blancs.

Une fillette vous épie
Entre un hallier aux verts réseaux ;
Et sa blanche coiffe copie
Des palpitations d'oiseaux.

Et, des illusions aimées
Vous remémorant les saisons,
Voici s'envoler les fumées
Au-dessus du toit des maisons.

Tu verras les flèches antiques
S'épanouir comme un jardin ;
Et fleurir des coiffes gothiques
Sur les femmes de Rosporden.

Tels, nous aurons, mêlant nos rêves,
Lorsque nous serons revenus,
Mesuré la douceur des grèves
Aux confiances des pieds nus.

XXI

J'aime la halte en une église
Déserte, vers la fin du jour;
L'âme s'y calme et s'égalise...
Toujours y veille un peu d'amour.

Dans le charme de son mystère,
Bruit à peine un chapelet;
Et, sous ses voûtes, s'invétère
Un souvenir d'encens, qui plaît.

Aux madones coloriées
On voit se tendre, en ex-voto,
Des couronnes de mariées,
Plus touchantes qu'un écriteau.

Une femme qui se croit seule,
A cette heure, dans le saint lieu,
Laisse couler son âme veule
Aux pieds de la Mère de Dieu.

Des évêques, avec leurs crosses,
Sans remuer leurs gros sourcils,
Regardent, sous leurs pieds atroces,
Perler des pleurs au bout des cils.

Et même, en s'adressant au suisse,
On peut offrir au saint boiteux,
Une jambe en cire, et sa cuisse,
Pour la guérison d'un goutteux.

J'aime la halte en la chapelle
Silencieuse aux murs épais ;
L'âme s'y recueille et rappelle...
Toujours y dort un peu de paix.

XXII

Paris est océan, flux un peu bien houleux,
      Terre un peu bien mouvante,
Où l'onde, ô Déjanire, est ta jupe aux flots bleus
      Sous l'éventail, qui vente.

La Normandie est proche : un beurre d'Isigny
      Agrémente ma table,
Chaque nouveau matin ; et les bains de Ligny
      Sont une mer potable.

Musard est un jardin, où, comme au Casino,
      Tu peux entendre, ô lyre,
L'Allemande dire *ya,* l'Anglaise dire *no,*
      Et la Française rire ;

Un endroit où l'on peut parler en écoutant
      Peu la musique vile,
Tout aussi bien qu'à Dieppe et Dinard, tout autant
      Qu'à Trouville-Deauville ;

Un endroit où l'on voit suivre, d'un œil ardent,
    Des dames, par des mâles ;
Des vestons carrelés, et des jupes gardant
    Encor le pli des malles.

Mais, alors, à quoi bon l'éternel parti pris
    De villégiature ?
La rage d'aller voir, dans sa conque, Cypris,
    Gaïa, dans la Nature ?

A quoi bon les paquets, et l'émigration
    Vers un lieu balnéaire ;
Si je trouve, devant l'hôtel Bagration,
    Et Nérée, et Néère ?

XXIII

KIND REGARDS

Que dire, chère hôtesse, et Duchesse admirée,
    De l'hospitalité
Qui, par notre mémoire, est doucement mirée
    En ma fidélité ?

Je revis tous nos pas, votre plus fin sourire,
    Le moindre des propos ;
Mais, dans le moment même où je vais vous l'écrire,
    Où mon cœur est dispos,

Ma plume se rebelle, et, même la nuance
    Des flots bleus, à mes pieds,
Pour l'évocation où mon cœur se fiance
    Aux plus roses papiers,

Faits de soleils couchants, semble trop peu suave
    En vous disant merci
De tout ce qui fut doux, sans cesser d'être grave,
    Et loin de tout souci !

Alors, au seul rappel d'un accueil tant affable
    Qu'on aime à l'obtenir ;
Au seuil de ce passé récent, trop délectable
    Pour n'y pas revenir,

Tous les mots expirant devant cette féerie
    Lasse d'extasier,
Je garde le silence, et, pour vos vœux, je prie
    La Vierge du Roncier! *

Je prie aussi pour moi, dont le regret se tourne
    Vers ce beau Josselin
Où tant de poésie à tout jamais séjourne
    Et qui de rêve est plein.

Résidence pensive où tant de songerie
    Verse son hydromel,
Que le dernier séjour de la Nymphe Égérie
    Doit être Ploërmel !

Envoi.

La mesure de blé qu'on offre à Saint Etienne,
    Patron des migrainés,
Un crâne plein de grain, grâce auquel on obtienne
    Que ses maux soient rênés,

---

* Patronne de Josselin.

Je vous l'offre aujourd'hui : c'est mon front, où déferle,
   Pour ne fuir jamais plus,
Le flot du grain léger roulant comme une perle
   Les souvenirs élus !

à Madame Sarah BERNHARDT.

MOULINS

HOLLANDE

> Dans un fromage de Hollande
> Se retira, loin des tracas.
> LA FONTAINE.

1883.

DÉDICACE

I

> Moi, je suis la Tulipe, une fleur de Hollande.
> GAUTIER.

Vous avez la splendeur admirable et profonde
De la Tulipe rare au pétale veiné ;
Mais, de cette tulipe où le ciel moins borné
Mit une belle odeur intelligente et blonde.

Êtes-vous de Hollande ? — Eh ! vous êtes du Monde !
Que dis-je ? du *Cosmos*, de *L'Ouranos* gagné !
Et Monsieur de Humboldt vous aurait assigné
Une place en son Livre où le miracle abonde.

Vous êtes la *voix* d'or — vous serez la *fleur* d'or
Des étoiles, aux cieux, où, d'un grand messidor
D'astres ressuscités l'Éternité s'enchante.

Mais la biographie, à cette heure, le veut :
Soyez donc d'Amsterdam ; et restez ce qu'on peut
Être de mieux sur Terre : *un calice qui chante !*

II

MOLEN

Les moulins à vent sont la folle libellule,
    Aux ébattements ébahis,
Dont le gris et léger essaim plane et pullule,
    A la surface du pays.

Les moulins à vent sont les tournantes étoiles
    Du vert zodiaque des prés,
Que contemplent, d'en haut, sous l'azur de leurs toiles,
    Les astres surpris et pourprés.

Les moulins à vent sont d'étranges araignées
    Prises en leur propre filet,
Et qui rament sans fin, et trament, imprégnées
    De brouillards blancs comme du lait.

Les moulins à vent sont les palpitantes ailes
    De vastes papillons captifs,
En qui luttent longtemps les angéliques zèles
    Contre les terrestres motifs.

Les moulins à vent sont nombreux de trente mille,
    Ils sont bénins, ils sont benêts ;
Et la dentelle de leurs ailes s'assimile
    A la dentelle des bonnets.

III

RUS

Ce ne sont que vertes prairies,
Et, dedans, vaches blanc et noir :
Nuls villages, pas un manoir,
Aucunes clôtures fleuries...
Ce ne sont que vertes prairies,
Et dedans, vaches blanc et noir.

Ce ne sont que froids marécages,
Et, parmi, des moulins à vent,
Dans leurs ailes comme des cages,
Captant le souffle décevant...
Ce ne sont que froids marécages,
Et, parmi, des moulins à vent.

Ils agitent leur bras morose
En un morne prêchi-prêcha,
Mais pas un chaume, et pas un chat
A l'horizon où rien n'est rose...
Ils agitent leur bras morose
En un morne prêchi-prêcha.

Pas de sainfoin, pas d'orchidées,
Pas de pentecôtes lilas ;
L'éternel vert, dont on est las,
N'a pas une de ces idées...
Pas de sainfoin, pas d'orchidées :
Pas de pentecôtes lilas.

IV

URBS

L'apothéose du noirâtre,
C'est bien cette étrange Amsterdam
Où le voyageur, peu folâtre,
Se promène, non à son dam.

Toutes les maisons semblent faites
Avec du papier demi-deuil ;
Et, des caves jusques aux faîtes,
Sont noir et blanc, comme un cercueil.

Sur ce lugubre fond macabre
S'épanouit maint tournesol
Dont le rayonnement se cabre
De flamber en si triste sol.

Toutes les maisons semblent closes,
Et vouloir, sous leurs murs épais,
Emprisonner les rires roses
Qui troubleraient leur sombre paix.

Jamais en ce blanc ne déferle
Le noir un instant relâché,
Pour mélanger un gris de perle,
Moins solennel et moins fâché.

Les annonces blanches et noires,
Pleines de noms féconds en J,
Renversent de leurs écritoires
Maint mélancolique ci-gît;

Et le galopin qui fait rage,
Aux abords de la station,
Pour toute salutation,
Vous offre son pot de cirage.

*
* *

Ces demeures sont sans émoi;
Mais je suis plus sinistre qu'elles;
Et je porte en moi des séquelles
De catafalque et de cercueil.

Je me promène dans ces rues
Obscures comme un entonnoir;
Et, de ma silhouette en noir,
Leurs obscurités sont accrues.

De leur deuil, mon deuil est vainqueur :
Je fais tache sur leur fond terne...
Tel mon esprit, morne citerne,
Ainsi fait tache sur mon cœur.

*
* *

Alors, devant ce charbonnage,
Au long de ces murs sans jardins,
Je remémore les Edens
Où se déroula mon jeune âge.

Je me prends à songer à nos
Routes, ces blonds rubans de queue,
Près de ces chemins d'une lieue
Cendrés de crasse de fourneaux !

Et je sens, parmi cette transe,
Un souvenir tendre et marri
Remonter en moi, de la France
Où tout est bêtement fleuri !

V

VOL D'OISEAU

Tu vois des tuiles,
    Suis-les,
O regard morne,
    Borné
De toits moroses,
    Rosés,
    Cernés
De tuyaux ternes.

Horizon grêle,
    Grêlé
De mainte flèche,
    Léché
De maint panache,
    Haché,
    Bordé
De fumée orde.

Tu veux des arbres
  Marbrés,
  Ombrés
De taches sombres ;
Et des nuages
  Frisés,
  Frangés
De taches grises...

Trilles de merles
  Perlés,
  Mêlés
De Philomèles...
— Tu vois des tuiles,
  Suis-les,
O regard morne,
  Mort-né.

VI

COULEUR LOCALE

En ces lieux ignorés, même par les Lotis,
Loin des obscurités de la Ville-Lumière,
J'admire l'innocence et la candeur première
Qu'a cette ville d'être encor sur pilotis.

Malgré les sourds tarets, dans ses poutres, blottis,
Elle a maint monument plus haut qu'une chaumière ;
Que la couleur de rose y fût plus coutumière,
Et les Amsterdamois seraient peu mal lotis.

Lors, mon ennui, toujours en quête des asyles,
Songe à choisir enfin, pour son abri caché,
La ville aux trois cents ponts, aux quatre-vingt-dix îles.

Avec mon vêtement de ténèbres cherché,
J'y suis Maître Corbeau sur un arbre perché,
Et c'est bien là, mon Moi, qu'il sied que tu t'exiles.

VII

C'est la charmante ville aux fenêtres fermées,
La ville édifiée entre l'air et le flot ;
La ville en éventail aux branches bien formées,
La fabuleuse ville au nonantuple îlot ;

La ville aux trois cents ponts, qui sont les trois cents branches
Qu'entre elles toutes, noue un ruban de canaux,
De l'éventail ouvert, et peint de maisons blanches
Et noires, ayant l'air d'un jeu de dominos.

La ville où la splendeur des nettetés s'étale,
Où le seuil des maisons est plus blanc que les lins,
C'est l'aimable Amsterdam, la sage capitale
De la folle Hollande aux dix mille moulins.

VIII

DING - DONG

Le carillon que l'insomnie écoute,
Sur les toits bleus, sous la nuit froide, égoutte
Les chants confus aux métalliques sons

Dont la voix dure écarte les frissons
Des voiles blancs qu'à l'angle des maisons
Les revenants accrochent dans leur route...

Et le bourgeois dort en sécurité,
Sous le réseau d'harmonie abrité,
Dont l'air connu le rassure et l'effleure ;

Le carillon, exorciste du leurre,
Sur le sommeil égrène avec bonté,
Le chapelet mélodieux de l'heure.

Et, sur les toits que sable de mica
La lune bleue, on croit ouïr qui pleure
Un son vitreux d'énorme harmonica.

IX

CRI - CRI

Les carillons ne sont pas libres
De sonner tout ce qui leur plaît :
Dans leur clocher, tristes félibres,
Ils sont gardés par un filet

De cordes strictes, qui les tire
Comme un clavier monumental,
Et longuement leur fait redire
L'ennuyeux air national.

Et sur leurs cloches se rassemblent,
Deux par deux, de pesants marteaux,
Qui, dans l'ombre du soir, ressemblent
A des pieds de Quasimodos.

*
* *

Mais quelquefois ils se réveillent ;
Et les sons plus délicieux
Qui dans leurs flancs sonores veillent,
Palpitent entre terre et cieux.

Un prodigieux organiste,
En leurs dédales parvenu,
Bigarre, énorme ornemaniste,
Leur rengaine au refrain connu,

De rinceaux puissants et superbes
Qui, par l'espace, dispersés,
Ou s'épanouissent en gerbes,
Ou s'évanouissent, bercés.

Dans le cœur de la tour obscure,
Un clavier aux touches de fer
Allonge la sombre figure
D'un Érard construit pour l'enfer.

Qu'importe, puisqu'il est aveugle,
L'organiste étrange et fatal
Qui doit, de l'instrument qui beugle,
Émouvoir l'âme de métal ?

A de fixes anniversaires,
L'homme grimpe en son carillon,
Et, parmi les éthers sincères,
Prélude, colossal grillon.

Pour l'honneur des rois on le paie,
Il chante leur fête et leurs deuils...
Mais sa musique est occupée
D'autres berceaux, d'autres cercueils.

Il dit, pour lui, les messes noires
De ses nocturnes passions ;
Son front, qui n'a pas de mémoires,
N'ayant pas eu de visions.

Il chante ses amours énormes
Pour des êtres mystérieux,
Dont il ne connaît pas les formes
Qui n'ont jamais franchi ses yeux.

Pour une fois, il se sent vivre,
Baigné de la clarté des sons,
Fou de bruit, de musiques ivre,
Dans sa débauche de chansons ;

Car, et par delà le nuage
Qui lui dissimulait le bleu,
Il a, pour but de son orage,
L'auditeur ordinaire, Dieu.

X

ŒILLET D'INDE

Aux sons d'instruments en forme de seins
Dont un bel Indien caresse la pointe,
L'Apsara bizarre, et de baumes ointe,
Danse, nonchalante, en jupe à dessins*.

Sur ses cheveux bleus s'érige une mitre
Faite de dragons aux ailes d'argent,
Et sa gorge blonde exulte, émergeant
D'un corps pailleté qu'on croit une élytre.

Sa face très brune, et cependant pâle,
Ressemble à la lune étrange d'un soir
Brumeux, qu'entortille un nuage noir,
Et qui luit dessous ainsi qu'une opale.

---

* Ce n'est pas par négligence que j'ai disposé les rimes de ces strophes avec une irrégularité qui, au contraire, m'a paru de nature à rendre partiellement l'inattendu de ce spectacle, et la bizarrerie des rythmes dont il s'accompagne.

Ses sourcils sont teints d'une ligne mince ;
Ses yeux alanguis de touches de kohl ;
La verroterie éclate à son col,
Et, l'or, à son pied, qu'un bracelet pince.

Ses bras et ses doigts sont chargés d'anneaux ;
Sa robe est un pan diapré d'Indienne,
Où mille rinceaux d'une étoffe ancienne
Tracent, sur ses flancs fleuris, des panneaux.

Telle, elle paraît une antique idole
Que la mélodie aux voix de métal
Fait, très lentement, de son piédestal,
Descendre, et danser une danse molle.

* *
*

Sous le cliquetis d'éclatants joyaux,
Elle danse ainsi, superbe et nacrée ;
Et son rythme emprunte aux habits royaux
Une majesté de chose sacrée.

Elle danse ainsi, comme dans un rêve,
Tantôt suppliante, et, tantôt, debout ;
Et ses doigts crispés retiennent le bout
D'une écharpe blonde, agité sans trêve.

ŒILLET D'INDE

Elle danse, au son d'une grêle harpe.
Les reptiles bruns qui sont ses deux bras
Tordent leurs anneaux langoureux et gras
Autour des anneaux fleuris de l'écharpe.

D'elle émane un charme artificiel ;
Elle est la laideur rare, mais qui charme ;
Sa mitre, à son front, claire comme une arme,
Laisse, entre ses trous, voir l'azur du ciel.

* *
*

D'abord, en un rite empli de mystère,
Elle émet comme une incantation ;
Et, pour infuser une passion,
Demande un effluve au cœur de la terre.

Elle s'en imprègne, elle s'en pénètre,
S'en tisse un magique et flou vêtement,
Voile de Nessus, tunique d'amant,
Dont en songe, au loin, elle envoûte un être.

Elle trie alors, d'un geste qui file,
La malignité des sourds éléments ;
Et, pour le succès des enchantements,
Se met à ramper, féline et servile.

Elle se balance, assouplie et fourbe,
Et tord son écharpe à son doigt crispé ;
Et l'allongement de son corps jaspé
Se noue et se rompt, s'érige et se courbe.

Elle magnétise, émeut et fascine ;
Elle appelle à soi les charmes subtils ;
Et, comme une fleur aux sombres pistils,
Sa mitre, sur ses cheveux, se dessine.

Parfois elle tourne ; et les riches pans
De ses ornements de nuance tendre,
Flottent autour d'elle, et font comme entendre
Siffler, sur son sein, des nœuds de serpents.

Les harmonicas alternent entre eux,
Ornés de pompons et de mèches floches,
Unissant au timbre argentin des cloches
Des accords ligneux et des chocs vitreux.

Parfois un frisson parcourt le clavier...
Parfois une erreur adorable y flotte ;
Parfois il sourit, — parfois il sanglote,
D'un ton qui paraît sans fin dévier.

Sur ce fond d'orchestre expirant et maigre,
Où jamais ne fuit plus qu'une rumeur,
Parfois l'Apsara jette une clameur
Sauvage, féroce, âcre, aiguë, âpre, aigre ;

ŒILLET D'INDE

Un cri furieux dont elle encourage
La besogne sainte où son vœu s'est mis ;
Sur le calme plat des chants endormis,
Un cri furieux qui triomphe et rage...

*
* *

Elle danse ainsi comme danse une âme,
Fugace et funeste, et paraît leurrer
Un baiser lointain qui veut l'effleurer...
Elle se refuse, et s'offre, et se pâme.

Elle est harmonie, elle est dissonance ;
Elle est animale, et divine ; il sort
De ses vêtements un baume aussi fort
Que celui qui vient de la souvenance.

Elle est inouïe, elle est ineffable ;
De sa chair s'exhale une folle odeur ;
Elle est la rouerie, elle est la candeur
Et semble exister comme en une fable.

Elle est élégante, elle est élastique,
Elle est roide et droite, elle est souple, elle est
L'incarnation d'un double ballet
Qui serait profane et serait mystique.

En elle se meut la Magie Indoue ;
Elle est un feuillet volant de Véda ;
C'est la Galatée humble de Buddha
Au front qu'un verset oublié tatoue.

Pourtant peu à peu l'Apsara se hausse,
L'orchestre anhélant enfin s'alentit,
S'assoupit, s'endort petit à petit...
Et meurt d'une note exquisement fausse.

XI

ALTER EGO

Parfois, comme Balzac, je crois à l'influence
Des noms ; et, variant leur sonore nuance,
Je me plais à forger le vocable de choix
Qui fait, du titulaire, un auguste bourgeois.
— Mais quand, sous l'avatar magique de syllabe,
Le spleen vient me pincer, malgré tout, comme un crabe ;
Sous l'incantation du mot mystérieux,
Quand, sur mon front qui rêve, à jamais sérieux,
Le soleil du souci plus jaune s'irradie...
Hélas ! pour une fois encor, je répudie,
Pas ignominieusement, mais sans honneur,
Le nom qui n'a pas su me porter ce bonheur.

XII

INCOGNITO

J'ai pris un pseudonyme
Catholique et païen ;
Mon souffle fier anime
Un rôle plébéien.

C'est un nom de roture,
Un nom de tiers état ;
J'ai mis une rature
Sur mon noble comtat.

Le dédain m'environne ;
Ma particule n'est
Qu'un songe ; et ma couronne
Rentre sous son bonnet.

Je suis tout juste un être,
Un songeur, un rongeur,
Et l'on me tient peut-être
Pour commis voyageur.

INCOGNITO

Ablution qui lave
Mon front patricien,
Et n'en fait qu'un suave
Pythagoricien.

C'est un nom bourgeois, certe.
Il y reste, pourtant,
Un rien qui déconcerte
Le public mécontent.

Deux syllabes qui tintent
A l'oreille encor mal.
Et, malgré tout, me teintent
D'un reflet anormal.

C'est, ce nom qui désigne
Mon moi, parmi le tas,
*Les deux notes du cygne
Mourant, de l'Eurotas**.

*
* *

Je ne suis plus moi-même,
Le nom dont j'ai fait choix
Permet enfin qu'on m'aime :
Je suis un pur bourgeois.

* Rémi.

Je m'appelle *Personne*;
Ce titre accrédité
A chaque oreille sonne
En toute dignité.

Je suis un vague chiffre,
Un simple numéro;
Ma noblesse s'empiffre
Enfin de ce zéro.

Rien en moi ne s'élève
Plus haut qu'un sénevé;
Je suis un bon élève
Un peu mal élevé.

Puis, (afin que le blâme
Consente à m'oublier)
J'y mêle un peu de l'âme
Du parfait cuisinier.

Ma lévite défie
Celle du sacristain ;
J'ai comblé mon envie :
Je suis un Philistin.

Plus en moi ne demeure
Rien de paradoxal,
Je ne compte plus l'heure
A l'horloge d'Upsal.

INCOGNITO

Je quitte l'ironie,
Mystification,
En mon âme, finie
Avec ma mission.

Il ne reste, en ma balle,
Plus rien de subversif;
Même Héliogabale
N'est plus pour moi poncif.

Ma tête, un peu moins haute,
Ne vise plus l'azur;
Je ne suis plus qu'un pur
Voisin de table d'hôte !

XIII

TABLÉE

La table d'hôte roide, en sa double rangée,
Présente une surface uniforme, frangée
D'Anglais bien élevés, de Français peu corrects
Qui parlent des Dordrechts, des Haëchts, des Utrechts,
En happant, sans dégoût, des brouets incolores.
Des presbytériens, de voyageuses Flores,
Qui traînent des amants qu'on prendrait pour leurs fils.
Puis de menus bonnets aux crêpes de défis,
Sur les honnêtes fronts de veuves Irlandaises,
Dont les deuils noir et blanc sont d'obscures fadaises...
Un poitrail où se meut un éventail d'arçon,
Une tête où fleurit un caloquet infâme ;
Une fille aux cheveux ras, ainsi qu'un garçon,
Un jeune homme aux bandeaux comme ceux d'une femme

XIV

PROMISE

La folle miss anglaise
Qui croit avoir vingt ans,
Au teint de terre glaise,
Aux formidables dents ;

Qui n'a pas fait de faute,
Et, dans ses rêves beaux,
Parcourt les tables d'hôte,
Fuit sur les paquebots,

Attendant sous la brise
Qui tourmente son plaid,
Toujours quelque surprise
Qu'arrête son front blet ;

Qui, depuis mainte année,
Au pourchas d'un mari,
Se promène, fanée,
Avant d'avoir fleuri,

Offrant la lame mince
D'un visage sans chair,
Et sa taille que pince
Un bizarre spencer ;

Et, la tête couverte
D'un gâteau de satin,
Dort la fenêtre ouverte,
Pour être, le matin,

Par la fraîche rosée
Au vivifiant pleur,
Dans sa couche, baisée
Comme une vieille fleur.

*
* *

Avec, sur son étique
Allure d'échalas,
Un habit esthétique
Aux bizarres galas,

Où le crevé gothique
Ajoute son écot
A la coupe éclectique
D'une manche à gigot ;

Avec, sur son épaule,
Au rigide maintien,
Comme un chapiteau drôle
Où le Corinthien

Se mélange au Dorique
Croisé d'Ionien ..
Elle va d'Amérique
Au bord ausonien ;

Et, d'un geste qui semble
Effilé dans Sheffield,
Son doigté qui va l'amble
Découpe un air de Field.

A M. Georges JEANNIOT.

XV

MER DU NORD

Sur un fond fleur de lin, gris de ciel, bleu de perle,
La dune évanouie en un ton jaune fin,
Infiniment moutonne, incessamment déferle
Le flot tumultueux d'un sol poudreux et vain.

Cet Océan grenu plus désolé que l'autre,
A la pulvérisée amertume des Mers
Mêle sa cendre blonde où le baigneur se vautre...
Et le flot sablonneux baise les flots amers.

De la vague parfois l'onde s'émiette en poudre...
Le sable en fusion s'égoutte dans les eaux
Dont l'écume, d'un fil de neige, semble coudre
L'or et l'azur, en proie aux vents, aigres ciseaux.

A quel astre bizarre obéit la montée
De l'océan de sable aux onduleux remous ?
Quelle planète étrange, ou quelle étoile athée,
Tord ses flux aveuglants, endort ses reflux mous.

Parfois la Lune hésite entre ces deux marées ;
Et son enchantement, qui s'y communiqua,
Trouve, en cette autre mer, ses lueurs mieux mirées ;
Et fuit les champs d'azur, pour les champs de mica.

Et j'y fais un bouquet désespérément triste
De chardons inouïs, irréels, fabuleux
Que Phœbé caressa de son baiser artiste...
Des chardons assez fous, enfin, pour être bleus !

XVI

GRIFFONNAGES
EN DIFFÉRENTS SENS *

Voyager est fort bon... mais l'hôtel *Bellevue*,
Dont le regard d'avance escompte le séjour,
A fait, pour son renom, quelquefois, la bévue
De vous loger au fond de son arrière-cour.

*
* *

Un flageolet antipathique
   Joue ;
Un son fol sort de son antique
   Moue.

Un *Chant du départ* qui sautille,
   Flotte
Sur elle, et semble une gentille
   Glotte.

* Un titre emprunté à l'Œuvre de Rembrandt.

Départ pour quelque fantaisiste
        Guerre,
Dont la rancune plus n'existe
        Guère.

Et l'air qui se démantibule,
        Rêve,
Un instant, puis, comme une bulle,
        Crève.

*
* *

Voyager est fort bon... mais si l'esprit se gonfle
De trop d'enthousiasme, il peut être déçu.
Par exemple, un projet qui ne fut pas conçu :
Derrière une cloison mince un voisin qui ronfle.

Un souffle de machine à battre, furieux,
Qui sort du sein profond d'une dame asthmatique
Et, qui, montant, rythmé, rugissant, chromatique
Vous empêche sans fin de vous fermer, mes yeux !

*
* *

Quand tu te contentais de ronfler comme un porc,
    O mon voisin de chambre,
Je rêvais de te voir apprêter dans York,
    En jambons couleur d'ambre.

Mais quand tu renâclais, ainsi qu'un marcassin
    Furieux qu'on éventre,
J'aurais voulu moi-même être ton assassin
    O formidable chantre !

*
* *

Zandaam a ses moulins, et Zandwoort a ses grèves ;
Den Haag a ses Rembrandt, et, les siens, Amsterdam ;
Haarlem a ses pignons, ses oignons et ses rêves...
Mais je préfère à tout le trésor de Schiedam.

Professant peu de goût pour ce triomphe mièvre
D'un pan de toile peinte, aux reflets de safran,
La susdite cité s'enorgueillit, par an,
De trente mille porcs engraissés de genièvre.

*
* *

Voyager est fort bon... mais voyons, je parie
Que vous ne savez pas qu'avoir fort mal dormi
N'empêche nullement de s'éveiller parmi
Des sons inopportuns d'orgue de Barbarie.

*
* *

    L'orgue de barbarie
    Joue à discrétion,
    Souvent femme varie ;
    Et son excrétion

    Égoutte sur les couches
    Des voyageurs lassés,
    D'intempestives douches
    D'opéras déplacés

    Ce n'est pas l'alouette...
    Mais pas le rossignol
    Non plus ; la girouette
    Possède un chant plus mol.

    Le seul sol en démence
    Qui lui puisse venir,
    C'est, alors qu'il commence,
    Pour le faire finir.

Le seul instant lucide
Où l'on puisse, envers lui,
Ne pas être homicide,
En cette chance a lui.

Mais, hélas ! plus il joue,
Et plus sur les cordons
De la bourse, il échoue ;
Comme eux nous nous tordons.

Après *Valse brillante*
Et le *Robin des bois*,
C'est de l'huile bouillante
Qu'on jette, et de la poix !

*
* *

Voyager est fort bon... mais les regrets du *home*
Ont de quoi rendre triste à l'égal d'un tombeau
Lorsque, las de la route, on trouve, au lit en dôme,
Le moustique obsédant qu'attire le flambeau.

XVII

PALME

A Trouville que ses courses
Font illustre ; à Berne encor
Dont des ours, avec leurs ourses,
Composent tout le décor ;

A Strasbourg que recommande
La gloire de ses pâtés ;
A mainte place normande
Dont les beurres sont vantés ;

A l'Amsterdam, qui députe
La liqueur Wynand-Fockink ;
A Pantin qui, sous sa butte,
Détient la famille Kinck ;

A Schiedam, cité peu mièvre,
Supérieure aux Yorks
Par le goût de genièvre
De ses trente mille porcs ;

A Naple, où sans fin s'allume
Le Vésuve, roi du deuil,
Qu'au sommet d'un porte-plume
On voit, en fermant un œil ;

A Bruxelles, qui copie
Paris, qui tant imita ;
A Rome, cité de Pie
Et pâté de Pieta ;

A mainte ville de l'Èbre
Je préfère ta valeur,
Haarlem, toi qui n'es célèbre
Que pour chérir une fleur.

XVIII

Je vis retiré dans ce Haarlem,
Aux rêves d'hier je fais la lippe ;
Mon jeu tourne un bien plus beau chelem,
D'oignons fabuleux j'ai mon harem,
Je suis un bourgeois fou de tulipe.

Mes carreaux, de fleurs sont pavoisés ;
Je ne veux plus rien savoir des êtres,
Car de gentils daims apprivoisés
Viennent folâtrer sous mes fenêtres...
J'habite un beau parc planté de hêtres.

Si l'on veut juger de mon séjour,
L'astérisque en fleurs rares l'indique ;
Je ne suis plus moi, durant un jour,
Je ne sais plus rien d'aucun amour,
Je me désavoue et je m'abdique.

Et loin des effrois et des courroux,
Et loin des clartés trop aveuglantes,
Et loin des senteurs trop violentes,
J'entends roucouler les pigeons roux,
J'écoute couler les heures lentes.

*
* *

J'ai trouvé l'abri délicieux
Du bonheur auquel nul cri n'attente ;
L'abri mélangé d'ombre et de cieux,
Et dont la promesse à jamais tente.

L'abri mélangé d'ombre et de cieux,
D'où l'âme légère au loin s'élance...
J'ai trouvé le coin délicieux
Plein de songerie et de silence,

Où le cœur, sans bruit, vient égoutter
Sa dernière plaie, exquise trêve...
Où l'esprit, un jour, vient s'écouter,
Et goûter enfin la paix du rêve.

*
* *

J'ai trouvé le fond mystique et fin
Qui convient si fort à mes pensées ;
Mes recherches sont récompensées
Par ce rendez-vous plus que divin

Avec la langueur des arbres sombres
Qui, sur le sentier, bougent des ombres ;
Avec la splendeur des astres clairs
Qui clignent, aux cieux, leurs doux éclairs !*

---

* On écrit toujours pour deux personnes : soi, d'abord ; sans cela, on ne mériterait pas d'être lu ; puis, *le lecteur possible*. Dans le cas où celui-ci se présenterait pour moi, il me plaît de souligner, à son intention, certains passages de ces notes.

Au cours d'un voyage en Hollande, je souhaitai de séjourner dans Haarlem dont le calme m'avait charmé. L'impossibilité d'y trouver un logement autre que l'hôtel, insuffisant, me contraignit de m'éloigner ; et ma déception se donna cours dans les petites imprécations rimées qui vont suivre.

Que dire, en outre, de ce Haarlem, sans *tulipes* ? — Elles y étaient. Je les en ai retirées pour les faire fleurir dans *le Chef des Odeurs Suaves*. Ceux qui en ont le goût pourront les y retrouver, sous le titre de *Calices*.

R. M.

XIX

Puisque tu ne veux pas de moi,
O Haarlem, ô ville fermée ;
Que c'est en vain que fut charmée
Mon âme, de ton peu d'émoi ;

Puisque ton citoyen étrange
Craindrait de se voir déranger,
Dans son fromage jaune orange,
Par un si paisible étranger ;

Puisque l'oignon de la tulipe,
O mes larmes, où vous vouliez
Vous épancher, vous fait la lippe...

O mes pleurs, restez sur ma joue ;
Et, dans ce cœur, je ne secoue
Que la poudre de mes souliers !

XX

La porte n'est pas fermée ici de trois verrous, comme en Hollande...
MICHELET.

Tu te clos comme une tulipe,
O Haarlem ! et tes habitants
Au noble étranger font la lippe,
Comme des pistils mécontents.

Ils s'enferment dans les fromages
De leur petit palais ingrat ;
Et, sages comme des images,
Sont hospitaliers comme un rat.

Derrière leurs fenêtres closes
A l'on ne sait quels attentats,
On voit des visages peu roses
Qu'un rien met dans tous leurs états.

A l'abri des roides corbeilles
De fleurs qui paraissent sans miel,
Ils bougent comme des abeilles
A qui l'on offrirait du fiel.

* * *

Ces fenêtres ont des airs sombres
Sous leur bourgeois vélarium ;
Derrière on voit passer des ombres,
Comme dans un aquarium.

Des figures rébarbatives,
Au teint de froideur aspergé,
A s'occuper, très peu hâtives,
De faire qu'on soit hébergé.

Mais si, par quelque filière,
Se trouve l'*Eppheta* cherché,
Vous diriez une fourmilière
Dans laquelle on aurait marché.

Si parfois, de ce petit Louvre
Par qui l'on se laisse charmer,
L'huis s'entrebâille, ou l'œil s'entr'ouvre,
Ce n'est que pour se refermer.

Un fac-similé de tourière
Montre à peine le bout du nez,
Pour vous conseiller la fourrière,
Ou bien le lieu dont vous venez.

*
* *

Et nonobstant, une sainte âme
Réside encore en ce rûcher;
Car j'excepte une vieille dame
Dont le souvenir m'est bien cher.

« Si vous voulez de cette ville,
Monsieur, ne pas être martyr,
Me dit cette femme civile,
Il n'est moyen que d'en partir. »

Et, pour l'amour de cette juste
Pleine d'impartialité,
Mon pardon tout entier s'ajuste
A ton inhospitalité.

Je t'épargne mon anathème,
Reste parmi mes idéals,
Cité fermée, Haarlem, je t'aime,
Auguste mère de Franz Hals.

Car ton hôtelier est maussade,
Mais ton esprit n'est pas malsain;
Et Monsieur le Marquis de Sade
Ne saurait que faire en ton sein.

***

Tout en toi me plaît, chère ville,
Si peu propice au voyageur :
Et ton naturel peu servile,
Et ton accent peu louangeur.

Mon rêve longuement séjourne
Dans ton habitacle falot,
Et mon âme vers toi se tourne,
Curieuse épouse de Loth.

Comme chez lui furent les anges,
Comme Jupiter chez Baucis,
Après des épreuves étranges,
Chez un juste je fus assis.

Et je ne sais pas à quel signe,
Et non plus pour quelle raison,
Ce voyant dit : « Je suis peu digne
De vous avoir en ma maison. »

XXI

Rien... des hochements
De tête effacée ;
La porte glacée ;
Des effarements.

Rien... des chambres closes,
Et, sous des rideaux,
Des fuites, de dos,
De spectres moroses.

Rien... des inouïes
Protestations
D'apparitions
Vite évanouies.

Rien... une chouette
Qui fait de gros yeux
Au délicieux
Parler du poète.

Rien... une chouette
Qui fait des yeux ronds,
Bat des ailerons
Et reste muette.

Rien... une balance
Qui trouve léger
(Tecel) l'étranger ;
Ville de silence...

Rien... des truchements ;
(Nécessité crée)
La porte barrée ;
Des effacements.

*
* *

Haarlem, qui me parles,
Pour quelle raison
Me plais-tu plus qu'Arles,
Et que de saison ?

Est-ce tes matrones
Sur leurs fauteuils bas
Qui semblent des trônes,
Ravaudant leurs bas ?

Est-ce les ribotes
Que font tes petits
Avec des compotes
Qu'on mêle aux rôtis ?

Les menus théâtres
Que l'on voit du sol,
Et qui sont leurs âtres,
Font un doux Guignol

Où passe et repasse
Éternellement
Un spectre à voix basse
Au geste dormant.

*
* *

Ville maniaque
Dont le front pâlit,
Quel démoniaque,
Mets-tu dans ton lit ?

O cité correcte,
Dont je vois le pleur ;
Quel étrange insecte
Se loge en ta fleur ?

Irrémédiable,
Fauve et tout entier,
Tu niches le diable
En ton bénitier !

*
* *

Ton cœur se refuse
Sans même parler,
Haarlem, triste muse

Qui fais déferler
Mon regret, flot terne,
Et qui fais perler,

En cette citerne,
Sous tes rayons verts,
O lune, ô lanterne,

Des coraux divers,
Et maint coquillage ;
Des rêves, des vers...

O ville, ô village !

XXII

O Haarlem, ô ville fermée,
  Boudeuse fleur,
Ma rêverie est opprimée
  De ta couleur.

Je chante la maussaderie
  De tes enfants,
Car, dans leur folle pruderie,
  Tu te défends,

Comme fait une vieille fille,
  Aux habits longs,
Qui les tire sur sa cheville
  Et ses talons.

Tu t'offres et reprends, bégueule,
  A ton amant ;
Et ton silence affreux l'engueule
  Tacitement.

Tu veux demeurer tout entière
    A tes oignons,
Et mets tes poings, rude rentière,
    Sur tes rognons.

Tu ne veux pas, d'ennui voilée,
    Te déranger,
Et tu crains d'être violée
    Par l'étranger.

Derrière ta close fenêtre,
    Cœur vaurien,
Tu regardes occire un être
    Sans dire rien.

XXIII

O Haarlem la bourgeoise,
Je te violerai,
Et je dévoilerai
Ton âme villageoise.

O Haarlem, vieille nymphe,
J'aurai plus de pardon
Pour Tyr et pour Sidon
Que pour ta froide lymphe.

J'aiguiserai mes armes
Sur tes aigres pignons
Pour extraire des larmes
De tes plus purs oignons !

Malheur à vous, ô ville !
Honte sur vous, Haarlem,
Qui fûtes peu civile,
Comme Jérusalem !

Si Tyr ou Sidon même
M'avait eu dans ses murs,
Elle eut dit qu'elle m'aime,
Et servi des fruits mûrs.

C'est pourquoi je le jure,
Sidon, et même Tyr,
Auront, en ma brochure,
Moins à se repentir.

*
* *

Les dames Haarlemières
N'ont point de fâcheux termes....
Mais ce sont des fermières
Qui vous ferment leurs fermes.

Elles sont, sous le voile
De leur chambre imprégnée
D'ombre, comme en sa toile,
Une grosse araignée...

Attendant qu'il y tombe
Un vain récit quelconque...
Leur vie est une conque
Qui serait une tombe !

*
* *

Dans leur vaste fauteuil
Aux limites précises,
Dès qu'elles sont assises,
Elles se font tout œil.

Elles se font ouïe
Guettant, sans se lasser,
Cette chose inouïe :
Quelqu'un qui va passer !

Leur attente est accrue
Par l'ennui terrien ;
Elles voient en la rue...
Et ne veulent plus rien.

*
* *

Une dame Haarlemoise
Chez qui l'on vient sonner,
Sans chercher plus de noise,
Veut vous assassiner.

Nulle féroce idée
En son cœur ne la mord ;
Mais elle est décidée
A goûter votre mort.

Par sa preste servante
Elle fait se jucher
En pratique savante
Un rapide bûcher.

Elle vous prie ensuite
D'y grimper sans délai,
Pour voir votre chair cuite
Et votre corps brûlé.

Puis elle fait, sans lippe,
Flamber l'auto-da-fé,
Tandis qu'en sa tulipe
Elle prend son café.

Il faut faire justice
De cet audacieux
Qui, par un interstice,
S'immisçait dans les cieux !

Des murs il faut extraire
Ce simili bourgeois
A ce point téméraire
D'en avoir fait le choix.

Cet être parasite,
Ce *Flavien Rémi*
Qui prend souci d'un site,
Doit être un ennemi...

N'espère pas, poète,
Déposer ta langueur
Dans la vieille boëte
Qui t'avait pris le cœur.

Remets sur ton épaule
Les antiques fardeaux,
Dont, sous les pleurs d'un saule,
Tu reposais ton dos.

Pour sortir des tenailles
De ce joujou savant
Il n'est que tu t'en ailles
Gros Jean comme devant.

Non ! il n'est pas dix justes
En ton flanc importun
Et sous tes seins robustes...
Mais certe, il en est un.

Ce fut cette bonne âme
Qui m'a pris en pitié
Et, de ma croix infâme,
Soutenu la moitié.

Elle a, de porte en porte,
A mes côtés, fringué,
Disant : « Je vous apporte
Un hôte distingué. »

Mais, dans les Louvres sombres
De tous ces menus rois,
Nous voyions fuir des ombres
Aux visages d'effrois.

*
* *

Je ne suis pas sauvage,
Mais je voudrais un jour,
Sur ce follet rivage,
Avoir aussi mon tour.

Je prendrais une Dame
Native de Haarlem
Et je lui dirais : « Femme,
Chantez un requiem.

« Avez-vous, Desdémone,
Prié ce soir ? Avez
Vous, à *Bavo**, Démone,
Prodigué des avés ?

« Dites adieu, ma chère,
A vos rares massifs ;
A l'étrange étagère
De vos Chinois pensifs ;

« A votre Pausilippe
Où vous pensiez toujours
Vivre, comme un polype,
Vos monotones jours ;

« A vos oignons, ces gangues,
Qui, pour d'autres printemps,
Gardent les rouges langues
De leurs brasiers latents ;

« A ce *Semperauguste*
Qui pèse deux cents grains,
Et qui vaut, tout au juste
Treize mille florins ;

* Patron de la Grande Église de Haarlem.

« A votre *Sjery* rose,
Comme à vos *Pastés* bleus,
Dont l'eau qui les arrose
Prend des airs orgueilleux ;

« Aux *amiraux* de gloire :
Liefkens et *Liefkenshock*
Dont, sous la terre noire,
Se détourne le soc ;

« A ces *Bellaarts* superbes,
A l'unique *Enkhuisen*,
Prestigieuses herbes,
Que n'a pas le voisin.

« Contemplez les fromages
Qui doublent vos remords,
Pompeux comme des mages,
Rouges *Têtes de morts;*

« Car votre heure est venue... »
— Puis, sans geste hâté,
Je la hache menue
Comme chair à pâté.

*
* *

Une dame Haarlemoise
Chez qui l'on vient sonner,
Sans chercher plus de noise
Veut vous assassiner.

Les dames Haarlemières
N'ont point de fâcheux termes...
Mais ce sont des fermières
Qui défendent leurs fermes.

Les dames Haarlemeuses
Ne manquent pas de charmes...
Mais ce sont des charmeuses
Du genre des gendarmes.

Les dames Haarlemiennes
Font peu de mauvais coups...
Je préfère les miennes.
Mais à chacun ses goûts.

Les dames Haarlemites
Ont l'instinct peu formé,
Ce sont des Sunamites
Qui ne m'ont point aimé.

La dame Haarlemiste,
En somme, ne m'a nui
Qu'en tant que l'alchimiste
Profonde, de l'ennui !

* * *

Je te hais et t'adore
Bien plus que de raison,
O Tulipe inodore,
O vieille floraison.

Toi qui, dans ton calice,
Trembles de retenir
Un esprit de malice
Pouvant te rajeunir.

Toi qui, dans ton calice,
Redoutes d'exprimer
Une once de délice
Capable d'embaumer ;

Qui, dans ton étamine,
Craindrais de renfermer
Un suave flamine
Capable d'enflammer.

Demeure droite et roide,
Et ne laisse, en le cœur
De ta corolle froide,
Filtrer nulle langueur.

Tiens en santé parfaite
Tes insectes proprets
Semblant pour quelque fête
Toujours se tenir prêts.

Conserve encore en joie
Ton loquace grillon
Qui me prend pour une oie
Ou quelque émerillon.

Garde en état fossile
Les bougons escargots
Élisant domicile
En tes massifs bigots.

Adieu ! je te salue,
Vieille Mathusalem,
Ville peu melliflue,
Harem de rêve, Haarlem !

⁂

C'est fini, je t'évince,
Rentre dans ton ennui,
O ville de province !

Et, pour que ton étui
Suprême soit peu mince,
Rentre en toi, rentre en lui.

C'est fini, je t'enterre,
Tu meurs de ton ennui
O ville de mystère !

Ensevelie en lui,
Je tire ta paupière
Sur ton œil qui m'a nui.

Dans ta bière, pour bière,
Je te noie aujourd'hui,
L'écume vaut la pierre.

Ton dernier jour a lui
Haarlem, et ton notoire
Bâillement a brui.

En larmes, sur ta gloire
Fond un oignon, celui
De ta tulipe noire.

XXIV

> Car la Musique est douce...
> V. H.

Quel lugubre Amphion, Haarlem, ô ville terne,
Érigea ta cité, qui n'est qu'une citerne,
Où de flasques bourgeois compénétrés d'ennuis
Hantent de leurs salons les prisonnières nuits ?
— Quel poète propret a, de son luth classique,
Obtenu des accents d'assez morne musique
Pour — ainsi que, jadis, la Thèbes des Thébains,
Bâtir, d'un bâillement, tes jeux, que je dépeins.
— Car, si tu fus pour moi pleine d'impolitesse,
O ville de grandeurs, ô bourg de petitesse,
Je ne t'en veux pas moins conserver mon amour,
Parce que, de tes murs on peut faire le tour
Sans qu'en l'oreille indemne un seul *caprice* meure ;
Et que l'honnête abri de ta vieille demeure
Aux maisons ayant l'air d'un jeu de dominos
Me vienne tourmenter d'un bruit de pianos !

XXV

Monstrum immane, ingens, cui lumen ademptum.
VIRGILE.

Ayant donc résolu de détruire Haarlem,
Ville qui, pour moi, fut une Jérusalem,
Je fis, de chez Pleyel et Wolff, à mainte lieue,
Venir trois pianos droits, quatre autres à queue,
En tout, sept. — Chacun d'eux, autour de la cité,
Fut, d'abord, tour à tour, par Ritter, excité.
Puis, au seuil de la place où l'heure s'atrophie,
Je fis jouer du Brahms, par la Menter, Sophie.
Impitoyablement, dans son calme intestin,
Haarlem sentit rouler des flots de Rubinstein.
Or, successivement, défilèrent Madame
Essipoff, et plusieurs dont l'harmonie entame.
— Mais lorsque j'eus enfin, sur le Pleyel et Wolff,
Par la droite de Liszt, fait jouer du Litolff,
A l'heure où les bonnets à coques délibèrent,
Vers le septième temps les murailles tombèrent !

XXVI

C'est assez de zizanies ;
Je ne te reproche plus
Aucune de tes manies,
En ayant moi-même plus.

C'est fini de ces ramages
Qui lapident tes pignons ;
De tes fromages, ces mages,
Et de ces rois, tes oignons.

C'est fini de nos bisbilles ;
Je m'engage, désormais,
A ne plus jouer aux billes
Avec ces bulbes, jamais.

C'est fini de notre maille
A partir ; dorénavant
Jamais plus je ne chamaille
Nul de tes moulins à vent.

En ces prestes aquarelles
Que j'exécute sur eux
Se vidèrent nos querelles...
Nos querelles d'amoureux !

XXVII

> Miroir ou *espion* où la Flamande assise
> et travaillant, observe le dehors.
> MICHELET.

C'était fini de mon vers qui t'offusque,
O ville à l'air mi-curiosité,
Mi-somnolence, et j'avais licité
Le rouge et noir de ton pignon étrusque.

Mais, à nouveau, d'une reprise brusque,
Encore un coup, mon vers est excité
Par le regard, si plein de cécité,
De ton bourgeois, ineffable mollusque !

Et je redis ces dames, ces messieurs
Qui, dans l'oubli de la terre et des cieux,
De leur fenêtre habitent le coin sombre ;

Et chacun d'eux, jusques à trépasser,
A tout jamais, doit demeurer cette ombre
Dont le temps passe à regarder passer.

XXVIII

PATRONNE

Je suis chez une dame folle,
    Personne bien,
Dont la cervelle à la vanvole
    Est tout le bien.

Elle couche dans une armoire
    Dont le vantail,
Sur son noir sommeil sans mémoire,
    Clôt son portail.

Je déclare extraordinaire
    Le travertin
De son visage, où jamais n'erre
    Rien d'incertain.

Sur son blanc facies rien ne flotte
    D'aérien :
Elle s'esclaffe — elle sanglote...
    Entre eux deux, rien.

Elle n'a qu'un double registre ;
    Son duodi
C'est l'hilare après le sinistre :
    Minuit, midi.

La pâte dont elle est pilée
    Contient ceci :
Une rate désopilée,
    Un noir souci.

Le précipité dont résulte
    Son rare moi,
Alternativement exulte,
    Ou se tient coi.

Elle est ce mélange insalubre
    Qui, follement,
Passe du plaisant au lugubre,
    Sans condiment.

Sans prendre la peine de poindre,
    Son air grognon
Verse en sa gaîté, sans le moindre
    Trait d'union.

A jamais le pitre et l'apôtre
    Sont ses deux oints ;
Et, dans son âme, l'un, sur l'autre,
    Saute à pieds joints.

Point d'aurore, pas même d'aube
  Parmi ses traits,
Champs où le coquelicot daube
  Le noir cyprès.

En elle, point de crépuscule ;
  Vertumne et Ver
Sont inconnus : la canicule,
  Ou bien l'hiver.

Rien d'enharmonique ne tombe
  En sa vapeur ;
Elle va d'un éclat de bombe,
  A la stupeur.

Cette association bouffe
  Sans fin s'y mord :
Une créature qui pouffe,
  Un croque-mort.

Son être, où l'ange, en le satyre,
  Est volatil,
Semble un pantin que toujours tire
  Un double fil.

Rien, en elle, ne s'échelonne.
  Transition
Bizarre : voici Babylone,
  Voilà Sion.

Son front est plaisant, ou sévère,
    Sans demi-ton ;
Tantôt c'est catin qu'on révère,
    Tantôt Caton.

Du grave au doux, sans rien qui mêle,
    Il est tombé ;
C'est tout aussitôt Gargamelle
    Que Niobé.

En elle Ésope congédie,
    Sans fin, Danton ;
Son nez est la palinodie
    De son menton.

Jamais le grave en sa figure
    Ne préluda ;
C'est, de suite après Épicure,
    Torquemada.

Jamais la joie, en son visage,
    Ne se dosa ;
Et, d'Horace, il est le passage
    Sur Spinoza.

Son masque, jamais hypocrite,
    Voit, sous son tour,
Héraclite après Démocrite
    Fuir tour à tour.

Elle est sacrée, elle est profane ;
    Enfer, et ciel ;
Sitôt après Aristophane,
    Ézéchiel.

Sans rime sa gaîté s'éclipse,
    Et sans raison,
Ou son désespoir. C'était Lipse.
    C'est un pinson.

Ni ses pleurs ne sont d'un semestre,
    Ni ses ris... paff !
On contemplait Joseph de Maistre...
    On voit Falstaff.

Le soir, ma couverture est faite,
    Vice versa,
D'un geste auguste de prophète,
    Ou de poussah ;

Et la parmentière s'épluche,
    En mon brouet,
Sous le geste alterné de Pluche,
    Et d'Arouët.

XXIX

Est-ce ton bois superbe, ou ton beau parc-aux-daims,
Qui te font mettre au rang des suaves Edens ?
Pour toit, ayant le ciel, et, pour ceinture, l'onde,
Ce parc où de légers fauves, à robe blonde,
De taches d'un blanc pur cheminent tatoués,
Qui semblent des flocons qu'ils n'ont pas secoués ;
Ce bois où je m'en vais ouïr, quand le jour tombe,
Croasser le corbeau, roucouler le palombe ;
Où la branche du hêtre ajoure sur son tronc
Le reflet de la feuille, à l'effacement prompt ;
Où, tandis qu'en mon deuil s'égrènent les mémoires,
Je sens, sur lui, d'en haut neiger des plumes noires.
— Est-ce ton grand Rembrandt, ton petit Gérard Dou
Aux tableaux vernissés comme un plumier Indou ;
Tes Breughel, tes Shalken, tes Jan Steen, tes Ostade,
Peintres qui peignent peu sur des toiles d'un stade ;
Ces Metzu, ces Terburg et ce mièvre Miéris ;
Ces Ruysdaëls vétilleux dont souvent je souris,
Ces Potters, qui parfois sont d'étranges mécomptes,
S'Gravenhage, Den Haag, La Haye, ô *Parc des Comtes?*

Est-ce ton bois superbe, ou ton beau parc-aux-daims,
Qui te font mettre au rang des suaves Edens ?

.*.

Or, à vos habits blonds, étrange anomalie,
O daims, parfois l'habit militaire s'allie...
— Je m'explique : parfois s'en viennent manœuvrer
Des soldats, dans ce parc-aux-daims : se figurer
Ces fauves, qui devraient, en un champ de narcisse,
Par nature, brouter, contemplant l'exercice ;
Et, sans joie, admirant, Actéons rétrécis,
Les shakos, les galons, les sabres, les fusils,
D'un doux œil où souvent je vois luire une larme,
Quand vibre — en hollandais ! l'étrange *portez arme !*

XXX

VITULÆ

Les petites orphelines,
Sur le col, et sur les bras,
Ont le blanc des mousselines
Parmi la noirceur des draps.

Elles ont des airs de nonne,
Dans leur marche, deux à deux,
Et dont le sillage ânonne
Un murmure hasardeux.

Elles sont bien Hollandaises
Sous leur petit casaquin
Qui ne sait rien des fadaises
De la veste d'Arlequin.

Leur colonne blanche et noire
Ondulant comme un drapeau,
Dans l'ombre, semble un troupeau
De génisses qui vont boire.

Dans leurs yeux purs comme l'eau
Nul ombrage ne se mire,
Sous leur béguin, où j'admire
Leurs figures de tableau.

XXXI

SUPER FLUMINA

Je suis heureux, je me promène
    Dans de beaux bois ;
Plus trop en moi ne se démène
    De vieilles voix.

Je dis à ces rumeurs anciennes :
    « Apaisez-vous,
Pleureuses ! Paix, musiciennes,
    A vos chants fous ! »

Je dis à ces langueurs lointaines :
    « Pourquoi voiler
Le chuchotement des fontaines,
    D'un vain parler ?

« Que l'écho des grottes voisines,
    Plein de candeurs,
Ne sache rien, ô tibicines,
    De nos ardeurs.

« Pour oublier les pentes raides
　　Et les longs pleurs,
L'ombre vous tend, ô citharèdes,
　　Ses bras en fleurs.

« De la fuite, dans les orages,
　　De noirs oiseaux,
Ne voyez plus que les mirages
　　Dans l'œil des eaux.

« Cet œil dont la paupière couvre,
　　Sous son vert scel
De feuillage, l'azur qui s'ouvre
　　D'un second ciel ! »

*
* *

« Suspendez vos lyres arcanes
　　A ces rameaux :
Qu'en eux s'apaisent ces organes
　　De vos longs maux.

« Confiez vos luths et vos flûtes
　　Aux vents souffleurs ;
Qu'en eux s'envolent les volutes
　　De vos douleurs.

« Si, de leurs flancs, un lied émane,
  Désavoué,
Que ce soit l'autan mélomane
  Qui l'ait joué.

« Si quelque larme encor déferle
  Sur leur contour,
Que ce soit la première perle
  De l'œil du jour.

« Cet œil dont la paupière couvre
  Sous l'entrelac
Du nuage, l'azur qui s'ouvre
  D'un autre lac ! »

*
* *

J'entends au loin la vie humaine,
  Et ses abois.
Je suis heureux, je me promène
  Dans de beaux bois.

Je vois se découper leurs ombres
  Sur leurs troncs verts,
Et je sens affluer les nombres
  Dans mon doux vers.

En des lacs dont les aquarelles
  N'ont point fait las,
Je vois la naïade en querelles
  Avec Hylas.

En des étangs que des lentilles
  Ont dépolis,
J'écoute tomber les brindilles
  En bruits jolis.

En son mirage je vois paître
  Dans un flot clair,
Un daim, tête en bas, sous un hêtre
  Racine en l'air.

En des sous-bois où la Critique
  D'art ne va point,
Je vais voir le soir qui s'indique,
  La nuit qui point.

Je sens flotter sur mes épaules
  Le voile fin
De larmes grises que les saules
  Pleurent sans fin.

Dans l'ombre je vois qui s'allume,
  Sous leurs réseaux,
La chute lente de la plume
  Des blonds oiseaux,

Qui, tombant sur la terre rousse,
　　A flots petits,
A mesure brode la mousse
　　Au plumetis.

Tandis que, sur mon front que moire
　　Un regret beau,
Je sens neiger la plume noire
　　De maint corbeau,

Que la prévoyante nature
　　Dans le mi-jour,
Députe pour la sépulture
　　De mon amour ;

Car l'écorce de maint érable
　　S'initia
Au nom de mon inaltérable
　　Mœstitia !

XXXII

FILANDIÈRES

Elles font bien sur le fond rouge des voitures,
Les deux gentilles sœurs, jumelles créatures,
Si semblables et si pareilles, que j'en vois
Deux, et crois d'un seul coup voir la même deux fois ;
Qu'il me semble compter double, avoir la berlue
Et relire à nouveau la page que j'ai lue :
Même robe à damier tout petit, noir et blanc ;
Même corsage uni, chapeau très ressemblant
Où la diversité des visages s'abrite,
De la blonde et la brune ; et, sur leur face, écrite
Leur nature : la faible et craintive douceur
Que soutient l'enjouement allègre de sa sœur.

Et parallèlement la mise continue :
Le gant long qui ne fait rien voir de la chair nue.
Et les deux voiles gris sur les quatre yeux baissés.
Elles sont en demi-deuil ; maintiens compassés
Sous lesquels la jeunesse est latente et rétive.
D'elles ce charme émane, intime, et qui captive,
De première candeur et de naïveté

Du printemps enfantin sur le seuil de l'été.

Or il faut lire. Alors, on prend, d'un même geste,
Mêmes récipients, non de prose indigeste ;
Mais deux tomes carrés, bénigne invention
Anglaise, *Authors British, Tauchnitz Edition*.
Puis, quand cet aliment, toutefois léger, pèse,
Hors des deux sacs égaux, en forme de trapèze,
Deux ouvrages pareils sortent, chacun le sien :
Une bande d'affreux crochet tunisien
Dont l'enviable trame, au fulminant fil rouge,
Continuellement, sur la banquette, bouge :
Et dont le sort heureux s'ourdit sans nul repos,
Sous vos doigts fuselés, gentilles Atropos !

XXXIII

CHANT DU DÉPART

Adieu, folle Hollande,
O verte lande
Que l'on pourrait aimer ;
Où broutent mille taches,
Qui sont des vaches,
Qui paissent où glissaient les moutons de la mer.

Adieu, sol aux mille ailes
Des moulins frêles
Que l'air fait s'affoler ;
Au point que, pour des guerres,
Comme naguères
Au lieu de t'inonder, tu pourrais t'envoler !

République amphibie,
Morne Lybie
D'horizons toujours verts,
Vides de pâquerettes,
Où, pour fleurettes,
Mille fois ont fleuri mes rêves et mes vers.

CHANT DU DÉPART

Adieu, tes parcs moroses
Où des daims roses
Cheminent, tatoués
De macules si blanches,
Que, sous les branches,
On dirait des flocons qu'ils n'ont pas secoués.

Adieu, tes bois superbes
Où, dans les herbes,
Des plumes de corbeau
Neigent, neige funèbre,
Qui de ténèbre
Ensevelit mon front triste comme un tombeau.

Adieu, ton frêne énorme,
Adieu, ton orme
Dont l'ombre, sur son tronc,
Découpe, de ses branches,
Les formes franches
Au passage rapide, à l'effacement prompt.

Adieu, tes canaux mornes
Qui, dans leurs bornes,
Parfois tiennent des lacs
Dont la glace étamée,
De la ramée,
Mire les lacis verts et les bruns entrelacs.

Quand, vers ta malachite,
Que mon œil quitte,
J'agite mon mouchoir,
Ton moulin qui s'enfume
Meut une brume,
En réponse, envolée au bout de son bras noir !

à la Duchesse de ROHAN.

NÉVÉS

ENGADINE

> Le but principal de ce manuel
> est de mettre en état de jouir pleinement
> des merveilles naturelles de ce pays sans égal.
> GUIDE DU VOYAGEUR.

1884, 1885.

DÉDICACE

I

Vous êtes la préférée
Du Ciel, qui nombre les dons;
Vous avez, grâce sacrée,
Des pensers et des pardons,

Des oublis et des mémoires,
Des souvenirs, des soupirs;
Des sourires, douces gloires,
Et des chagrins, chers martyrs.

Car nos voluptés sont faites
De gais et tristes recueils;
Des douleurs sont en des fêtes;
Et, des douceurs, en des deuils.

Vous savez, suprême charme,
Tout ce qui pourra gésir
De bonheur, dans une larme,
Et d'ennui, dans un plaisir.

Et, par-dessus tout le reste,
L'Ange, qui n'a rien compté,
Vous fit ce présent céleste
Qui contient tout : *la Bonté !*

II

De notre fenêtre l'on voit
L'eau du lac bleu comme un pleur d'ange ;
A peine un nuage y mélange
Un peu de nos larmes, qu'il boit.

Contemplant cette eau qui s'azure,
Quand, près de l'écritoire, assis,
Nous méditons comme Tircis,
Notre rêve se démesure...

Nous croyons, devant ces gazons,
Non loin de cette onde si bleue,
Écrire sur des horizons,
Avec une encre d'une lieue !

*
* *

Le ciel d'un bleu de Wedgwood
Offre son front de faïence
Aux silhouettes d'un bout
De nuage qui s'agence

En le délicat contour
De ces sveltes figurines
Bannissant de leur atour
Les nuances purpurines :

Quelque Hébé, quelque Psyché
Dont le blanc pur se découpe
Sur l'azur mat et cherché
D'une buire ou d'une coupe ;

Et que, prenant par le bout
Nuageux de son écharpe,
Le vent mêle, avec sa harpe,
Au ciel d'un bleu de Wedgwood.

*
* *

Je n'ai point vu les mers de glace
Où se sauvent les Perrichons ;
Ni ces pics dont la hauteur lasse
Les jarrets les plus folichons.

J'ai peu visité les cascades
Où le feu de Bengale a lui ;
Et j'ai pourtant, plusieurs décades,
Habité ce pays, pour lui.

Mais, je sais le val où se trouvent
Les œillets fins comme un cheveu,
Et les marécages qui couvent
Les gentianes au cœur bleu.

Et nulle femme, et nulle gemme
Ne me tentent plus de leurs feux :
J'ai les gentianes que j'aime,
Et j'ai les œillets que je veux.

III

VÆ

Il est de petites lorgnettes
Pas plus grandes que des aiguilles,
Où le photographe, très nettes,
Loge des flèches, des aiguilles.

La plus excessive montagne
Tient dans leur tube minuscule
Où la perspective recule
De la plus fuyante campagne.

On en fait de folles breloques
Dont le petit trou noir convie
A porter, comme pendeloques,
Saint-Pierre ou bien Sainte-Sophie.

On n'a qu'à faire la grimace
Que fermer un seul œil exige,
Pour voir aussitôt une masse
De monuments et de prodige.

Le bourgeois, grâce à ce manège,
Est heureux de sentir la Suisse
Tout entière, ses lacs, sa neige,
Lui briqueballer sur la cuisse.

*
* *

De tous ces décors de carton :
Parce que l'on se voit enceindre
A quoi bon gémir et se plaindre,
Accuser les dieux, et Charton,

Cascades par Rubé, montagnes
De Chapron, glaciers de Chéret ;
Pins, pics, lacs, neiges et campagnes
Qu'à l'Opéra l'on digérait ?

D'avance on sait tout ce qui berne
Dans ce pays peu folichon,
Quand on a vu, pour sa gouverne,
Guillaume Tell et *Perrichon*.

*
* *

Presque autant que les *alcades*
De Monsieur A. de Musset,
Je déteste les cascades
De la Suisse que l'on sait.

Ses torrents, toujours les mêmes,
Font des bulles de savons,
Dans les gobelets abstèmes
Des gorges, que nous savons.

Je déclare, des Suissesses,
Le prestige bien fini
Depuis qu'au bout de leurs tresses
Pendent Scribe et Rossini.

Et je déteste le Suisse
Catholique ou parpaillot,
Autant, je crois, que le suisse
De Saint-Pierre de Chaillot.

*
* *

Donc, il faut qu'avec la Suisse
   J'en finisse ;
Et je veux baisser les tons
   Des cantons.

Depuis trop longtemps, de Berne
    Qui nous berne,
Nous avons subi le joug,
    Et de Zug.

Je dirai maint calembour
    Sur Fribourg,
Et ferai maint pot-pourri
    Sur Uri.

Je me rirai de Schaffouse
    Qui se blouse
Et j'écrirai que Saint-Gall
    M'est égal ;

Qu'Argovie et Thurgovie
    Sont sans vie ;
J'ajouterai que Zurich
    Est sans chic ;

Que je trouve Unterwalden
    Peu badin.
Et que je proclame tel
    Neuchatel.

Que rien ne me semble pâle,
    Comme Bâle,
Et rien plus vide de sel
    Qu'Appenzel ;

VÆ

Que le lion de Lucerne
   Est fort terne,
Et que je fais fi de Schwitz
   Et ses piz.

Je déclarerai que Vaud
   Rien me vaut,
Et que rien tu ne valais,
   O Valais !

J'irais même jusqu'à dire,
   Sans sourire,
Que' je préfère Paris
   A Glaris.

Il est temps de troubler l'heure
   De Soleure ;
Et, bien vite, dégrisons
   Les Grisons !

   *
  * *

Je ne fus pas Don Quichotte,
Pour les moulins hollandais ;
Et je les achalandais
De cantates, à la hotte.

O combien tu les préfères,
Mon âme, à cet alvié
Sur lequel ont renvié
Tant d'autres pins conifères !

Et tu veux qu'ici bruisse
Comme un crincrin de cri-cri,
En ces petits vers, ce cri
De guerre : sus à la Suisse !

IV

CONFITENTEM

« Je suis cet ennuyeux pays
Que, de ses regards ébahis,
L'Anglais au pas tranquille et lent
      Va contemplant.

« Par mes collines aux flancs verts,
Sur des têtes point à l'envers,
Je sens fluctuer des remous
      De chapeaux mous.

« Je suis le pays adopté
Pour les achats de bois sculpté
Dont l'aimable sujet, toujours,
      Figure un ours.

« Je suis le pays ennuyeux
Qui s'efforce de plaire aux yeux
Par tout ce qui désespéra
      A l'Opéra :

« Le point de vue et les sapins,
Et les torrents de papiers peints,
Les nattes et les corselets
    Et les chalets ! »

     *
* *

« Je suis Helvétien et tel
Qu'on me voit dans Guillaume Tell,
Avec peut-être plus encor
    L'air d'un décor.

« Je suis *Quand l'Helvétie est un
Champ de supplice...* inopportun
Pour de plus ou moins Berrichons
    Sieurs Perrichons.

« Je suis monts et je suis vallons,
Les uns, très hauts, les autres, longs,
Où l'on sent un peu de Gessler
    Flotter dans l'air.

« Je suis l'idiot idéal
Du surnuméraire féal,
Exsangue et pâle Debureau,
    De son bureau.

« Je suis le pays assommant
Où l'on préfère injustement
Aux articles de Monsieur Weiss,
    Des édelweiss.

« Je suis le pays bossué
De monts, ainsi que Josué,
Arrêtant sur leur front vermeil
    L'or du soleil ;

« Leurs flancs où grimpent par essaims
Des pins comme des médecins,
En froc vert, sur les pics neigeux
    Et nuageux. »

    *
  * *

« Je suis le ridicule endroit
Où l'on n'a pas même le droit
De ne pas voir un paysage,
    Si l'on est sage.

« Ces paysages, déjà laids,
Par des tableaux de chevalets
Et d'horribles presse-papiers
    Sont copiés.

« Je suis le pays des bâtons
Ferrés, que d'âpres piétons
Brandissent, de leurs mains pourvues
  De longues-vues.

« Ils lorgnent, du long de mes flancs,
Des sites faits comme des plans,
Heureux d'avoir si haut monté
  Leur nullité.

« Je ne sus point ne pas tomber
Sous la dent du jumeau d'Auber,
Ce Parisien et ce scribe
  De Monsieur Scribe.

« Pour se suicider, en somme,
Je suis, pour la femme, ou pour l'homme,
Le meilleur tréteau qui se puisse :
  Je suis la Suisse ! »

V

Ce pays est énorme,
  Et plaît
Par l'ultra de la forme
  Du laid.

Atteint d'une démence
  De choix,
Il est, autant qu'immense,
  Bourgeois.

Son site est un bonhomme
  Ayant
Au front ce blanc qu'on nomme
  Seyant.

Son onde est la cuvette
  Lavant
Des formes que duvette
  Le vent.

Son torrent se courrouce,
　　Démon
Qui fait la barbe rousse
　　Du mont,

Sa cascade concerte
　　Sans fin
Et fait la barbe verte
　　Du pin.

Non loin de l'avalanche
　　De chic,
Qui fait la barbe blanche
　　Du pic,

Près d'un lac d'une lieue,
　　Lequel
Fera la barbe bleue
　　Du ciel.

VI

FAC-SIMILÉ

Prenez, la boîte à joujoux
Où sont, comme des bijoux,

Rangés les petits sapins,
Fichés sur un rond, et peints.

Plantez-en une avenue
Bien symétrique et connue,

Devant les petits chalets
Bien ennuyeux, et bien laids.

N'oubliez pas le chamois,
Dont la corne, dans un mois,

Doit servir à faire un mode
De couteau, très incommode ;

Sans omettre l'édelweiss,
Qui ne sent bon ni mauvais,

Et dont la fleur éternelle
Est une étoile en flanelle.

Promenez-y, pour princesse,
L'inévitable Suissesse,

Avec sa vache, et son seau,
Et chantant *Toi que l'oiseau...*

Ajoutez-y le torrent
En verre filé courant ;

Ou bien mettez, à la place,
Un lac fait d'un bout de glace ;

Plus, un pic, s'y regardant,
Fait comme une vieille dent,

Avec, dessus, pour deux sous
De neige ; et gravez dessous :

Quand l'Helvétie — ou la Suisse
[*Sic*] — *est un champ de supplice !*

VII

COURS DE ROUTE

Le bébé, rendu *comme un crin*
Par le trajet du voiturin,
N'est plus amusé par ces taches
    Que sont les vaches.

Les voisins de coche, hagards,
Se communiquent, des regards :
Ce sera pis encore, s'il pleure,
    Que tout à l'heure !

Tout est usé, jusqu'aux *dadas*,
Les parents, niant leurs mandats,
L'enfant enfin s'adonne aux cris
    Les plus aigris.

Il éclate, il est forcené ;
Puis aussitôt rasséréné :
Sa rage, sous sa giboulée,
    Est dessoulée.

Avec le désespoir il joue ;
Sa gaîté sort de son alarme ;
Puis, comme il a soif, sur sa joue,
Sagement, du bout de sa moue,
    Il boit sa larme.

*
* *

A ces gorges au bord moussu
De roses des Alpes cousu ;
J'ai dit : « Je vois vos creux profonds ;
    Mais, dans vos fonds,

« Qu'avez-vous de blanc et mousseux ?
— Les Anges m'ont dit : « C'est, sous eux,
Les torrents aux flots de savons,
    Que nous lavons ! »

A ces montagnes au vert froc,
Moitié sapin et moitié roc,
J'ai dit : « Je vois bien vos flancs ; mais,
    Sur vos sommets,

« Qu'avez-vous de blanc et d'indu ?
— Et les Anges m'ont répondu :
« C'est là qu'ensuite nous séchons
    Nos blancs torchons. »

Si l'on veut voir le lieu du monde
Des lieux communs, plus rassemblés
Que « je l'adore et qu'elle est blonde
      Comme les blés. »

Pics et lacs, sapins et cascades,
Plus démodés que les alcades
Dont le même Alfred de Musset
      Tant abusait.

Un lieu si propre à réprimande,
Si banal, si fait sur commande,
Qu'on voudrait, pour fuir son sapin,
      Prendre un *sapin*.

Un lieu le plus laid qui se puisse,
Si *sui generis*, si Suisse,
Plus ennuyeux que l'Ami Fritz,
      C'est Saint-Moritz.

Or, quand l'été touche au solstice,
Quitter la France et ses chaleurs,
Fuir le soleil, honnir les fleurs,
Pour la plus déplorable Suisse
    Qui voir se puisse ;

Délaisser Paris, et Pantin,
Pour se coucher, comme un pantin,
Dans le tiroir d'un sleeping-car,
    C'est triste, car

La raison de tous ces exils,
De ces ostracismes subtils
Que l'on grave à pointe d'aiguille
    Sur sa coquille ;

C'est le paradoxe incroyable
De voir l'hiver, son train, le diable,
Et pluie, et neige, et grêle, et tout,
    Dans le mois d'Août !

VIII

SIGNALEMENT

La coupe du Roi de Thulé,
C'est ce vallon de l'Engadine ;
Je lui dois cet intitulé
Pour tant de vers où je badine.

Son lac jusqu'au bord la remplit ;
Et, de son pin noir qui se penche,
Le vieux roi la touche et pâlit,
Le vieux pic à la barbe blanche.

*
* *

Saint Moritz est un bon vieux saint
A la tête couleur de neige,
Qu'un bonnet de nuages ceint
Et qu'un temple en granit protège.

On vient de loin, levant le bas
De sa robe, en pins verts brodée,
Baiser la trace de ses pas
Par l'eau des bleus lacs inondée.

Et lui, perdu dans les hauteurs
De ses rêves métaphysiques,
Tend l'ut de poitrine aux chanteurs,
Et rend la poitrine aux phtisiques,

*
* *

Un pic blanc et, pour varier,
Un vallon creux comme une vasque ;
On croirait voir un vieux guerrier
Qui s'apprête à boire en son casque.

L'eau d'un lac pers, qu'eût envié
Le regard de Minerve, y semble,
Émeraude et saphir ensemble,
Un reflet de forêt qui tremble
Au fond d'un ciel liquéfié.

IX

TREMOLO

Au sommet des quarante marches
Menant à ce menu champ saint
Où de romanches patriarches
Dorment, sous un sol de fleurs ceint,

Un petit tremble qui tremblote
Constitutionnellement,
De sa silhouette falote,
De son incessant tremblement,

Vert portier de ce cimetière,
Saint Pierre-feuillu de ce ciel,
Gardien du reste de matière
Qui fut leur moi substantiel,

Végétal acolyte, diacre
Des arbres, prêtre là piété,
Abbé d'émeraude et de nacre
Plein d'inquiète piété,

Du matin, jusques au soir, tremble
Sans que rien sur terre, ou dans l'air
Lui paraisse offrir, et lui semble
Persuader rien, que de trembler.

Tremble-t-il donc pour son ouaille,
Pour ses défunts administrés
Que peut-être Satan fouaille ;
Ses sauvés et ses sinistrés,

Sous une ancre qui, désespère ;
Sous une encre, qui va nombrant
Les regrets d'un fils, ou d'un père,
Et ces vertus que, mort, on prend ?

Triste trépassé qui respire,
Aspire et soupire toujours,
Et qui revêt, pour nous redire
Ses rêves, ses ris, ses amours,

Vos symboles, fleurs nuancées
Couronnant ses restes pâlis ;
Dont les pensers se font pensées
Et dont la candeur devient lis.

Les fleurs de lin sont des prunelles
Où l'azur du ciel refleurit ;
Les roses, lèvres éternelles
Où le baiser de Dieu sourit :

Et que, lèvre ou prunelle, humecte
Un pleur d'aube ou de chérubin,
Dans lequel un lever d'insecte
Se désaltère et prend son bain.

ENVOI

Fol maître des cérémonies,
Desservant, bedeau, capucin,
Branché d'oraisons infinies,
Jusqu'au jour du dernier buccin ;

Tremble bleu, que le soir endeuille,
Au profit des derniers venus,
Dis les dizaines de ta feuille,
Sous le chapelet de Vénus ;

Accélère la tremblerie,
Que la brise te serina,
Pour la nécropole fleurie
Des défunts de Celerina ;

Près de la chapelle funèbre,
Au clocher, dont le toit ouvert,
Sur l'horizon qui s'enténèbre,
Semble un four crématoire, offert

A Celui qui permet aux flammes
De consumer le vêtement ;
Mais, laisse, à lui, monter les âmes,
Comme une fumée, un moment,
Éparse vers le firmament.

X

CIRCONSTANCE ATTÉNUANTE

Tous ces pics enfarinés
Ne me disent rien qui vaille,
Sous la poudre de leur nez
Et leur nuage de faille.

Tous ces pics enfarinés
Par la neige qui leur reste
Me paraissent burinés
Par un Gavarni céleste.

Sucre-en-poudre-de-rizés
Par des flocons d'un autre âge,
Ce sont des Pierrots frisés
Par la mèche du nuage.

Pour le bal de l'Opéra
Que rythme de la tempête
Le grand tradéridéra,
Ils se sont fait une tête.

L'orchestre des ouragans
Taquine leur face blême
Et les godrons élégants
De leur fraise aux tons de crème.

Le Jablockoff des éclairs
Les fait paraître plus pâles,
Nuançant leurs chapeaux clairs
D'irisations d'opales.

Ce sont des Pierrots lassés
Par le galop des orages
Dont s'exaspèrent les rages,
Le long de leurs gants glacés ;

De célestes Debureaux
Dont la tête au ciel voisine,
Sur leurs masques de Paros
Portant la mouche assassine

D'un bois de mélèzes noirs
Arrondissant le mystère
De ses sombres promenoirs
En taffetas d'Angleterre.

Ce sont de divins Pierrots,
Des Pierrots géologiques ;
Les aigles sont leurs pierrots,
Et les brouillards sont leurs chiques.

Ils fument, matin et soir,
Maintes cigarettes blanches
Aux spirales d'encensoir,
Et crachent des avalanches ;

Un rang de Pierrots polis
Qui, pour cascader, s'écarte ;
Des chaînes de chienlits
Qui sont marqués sur la carte.

*
* *

Ce mont se préoccupait,
Avant tout, de sa coiffure ;
En bas, la robe de bure,
Mais, au sommet, le toupet.

Cette mauvaise habitude
D'être mi-fini, mi-flou,
Lui donnait l'air d'une étude
D'Ary Scheffer, à son clou.

Tantôt, bonnets de nuage ;
Tantôt, toquets de brouillards ;
Les uns, très bien pour son âge ;
Les autres, bien trop gaillards.

Tantôt, couronnes de brume
Ne seyant guère à des rocs ;
Avec un flocon de plume
Parmi des ailes d'aurochs.

Torrents blancs, cascades blanches
Ruisselants en beaux galons ;
Et clairs bijoux d'avalanches
Lui tombant jusqu'aux talons.

On lui dit : « Tête à perruque,
A quoi bon tout ce fatras
Dont ta caducité truque
Ton solennel patatras ?

« Laisse ta neige béate
Et ton nuage d'ouate
S'employer à faire ton
Premier bonnet de coton. »

* *
*

La Suisse, que mon vers pèse,
Me rappelle, en son vallon
S'étendant tout de son long,
Cette Diane d'Éphèse

Qui, sur son torse, étageait
Un triple rang de mamelles,
Inépuisables gamelles
Que la foi se partageait.

L'Helvétie est très pareille ;
Ses piz ne sont que des pis
Que, sur un ciel de lapis,
Teinte l'aurore vermeille.

Sur ses versants mamelus
Le lait neigeux qui ruisselle,
Roule jusqu'aux pins velus
Abrités sous son aisselle.

Le nuage en marabout,
Errant le long de son buste,
De ce sein droit et robuste
Parfois effleure le bout.

Ou, s'il prend, à ce rocaille,
Souci de sa nudité,
Le voilà vite abrité
Sous une brume de faille.

Or, les nourrissons amis
De ces biberons puristes
Sont les aigles, les touristes,
Les ouragans et la miss,

Qui, tour à tour, de leurs pointes,
Ou de leurs becs, vont mordant,
Dominant, escaladant
Les cimes, de flocons ointes,

Pour venir éperdument
Téter les piz séraphiques
Des tétins typographiques
De la Suisse, leur Maman.

*
* *

Quand je vis qu'on ne badine
Pas avec cette Engadine
Plus qu'avec l'amour qu'on sait
De Monsieur A. de Musset ;

Lorsque ma vue exilée,
Qui préfère la vallée,
Fut exposée aux dépits
Du voisinage des piz ;

Quant je vis mon ossature
Faite à la douce voiture
Effroyablement peiner
Des cahots de l'*einspänner**;

* Voiture en usage dans la région.

CIRCONSTANCE ATTÉNUANTE

Quand l'air de photographie
Incessante, qui défie
Dans chacun de ces aspects
Nè me laissa plus de paix ;

Lorsque je vis maint orage
De tôle, ici, faire rage,
Sans plus se rassasier
Que chez Monsieur Halanzier ;

Quand je vis, dans leurs féeries,
Les Guillaumetelleries
Dérouler leur truc pareil
A celui de Vaucorbeil,

Je pâlis ainsi qu'une herbe !
— Mais l'espérance, à nouveau
Pour moi, refleurit, superbe,
Dans l'œillet de Poschiavo,

Qui, sur le névé morose,
Semble, grimpant et fourni,
Le bouton de satin rose
D'un Pierrot de Gavarni.

XI

RISQUES ET PÉRILS

Le premier pas se fait sans qu'on y pense.

Dans ce pays, pour peu que l'on fasse un seul pas,
Aussitôt vous menace, et, du haut jusqu'en bas,
Un mouvement piteux, une attitude triste.
Plus vite qu'on ne croit, on a l'air d'un touriste ;
Un parapluie a vite acquis des airs ferrés ;
Et, si vous y venez, quelque jour, vous verrez
D'honnêtes protestants à chapeaux hauts de forme,
En qui Guillaume Tell a mis son souffle énorme.
— Trois bourgeois de Paris, de Vienne et de Rio
Paraissent sur le point de chanter le trio,
Qui se sont réunis pour payer une note,
Et non pour la pousser. — La dame huguenote
Qui ressemblait hier à Witziliputzli,
Affecte tout à coup le profil de Kettly,
Et, si vous aviez le bonheur de la connaître,
Vous chanterait : « Loin des chalets qui m'ont vu naître !

Or, tout ceci n'est rien ; mais ce qui va plus loin,
C'est que les Johannot vous guettent de leur coin.
Car, en ces lieux faits pour les marchands de lorgnettes,

Toute position dégénère en vignettes ;
Et, si votre compagne imprudente s'éprend
De passer le ruisseau, de franchir le torrent,
On revêt aussitôt cet air que je renie,
D'une illustration de *Paul et Virginie*.

XII

BUVEURS D'AIR

Les aérothérapistes
Et le climatérisant
Soufflent comme des harpistes
Que la muse va grisant.

Une pléiade anémique,
Groupes désoxygénés,
Se livre à cette mimique
D'ouvrir la bouche, et le nez.

Ils sonnent comme des harpes,
Sous les extases d'en haut,
Et bâillent, comme des carpes
Béant le bec, au temps chaud.

L'existence confinée,
Comme un taon, pique, à jamais,
Leur multitude avinée
Par l'ivresse des sommets.

Ils marchent comme un Tibulle,
Tout le jour, le nez au vent,
Pour ne pas perdre une bulle
De cet air, que cher on vend.

Dès l'aube, dehors on saute,
Pour capter le premier air ;
Et, jour comme nuit, sans faute,
Se passent à s'aérer.

D'altitude l'on s'arrose,
Pour se réoxygéner ;
Sans fin on cueille la rose
Des vents, et sans se gêner,

Puisque la thérapeutique
Du climatérisme veut
Qu'on fasse aller la boutique
Des quatre vents, tant qu'on peut !

XIII

COMMENSAUX

Partout règnent des figures
    Étranges et drôles ;
Et des figures de rôles,
    Et d'autres, d'augures.

Il en pleut dans les châteaux,
    Et par les campagnes ;
Il en est sur les bateaux,
    Et sur les montagnes ;

Des figures de chiffons,
    Et d'autres, de raves ;
Des figures de bouffons,
    Des figures graves.

Mais aucun endroit du monde,
    (Ce n'est pas ma faute !)
N'en offre plus, à la ronde,
    Qu'une table d'hôte.

Aucun autre cours, c'est clair,
 Autant ne charrie
De figures ayant l'air
 De plaisanterie.

*
  * *

Qu'on porte un collier d'ambre à trois ou quatre rangs,
A l'âge de cinq ans, pour être un bébé chaste ;
Mais lorsque l'âge a pris proportion plus vaste,
Ses pâles grains ne sont que de peu sûrs garants.

Vraiment, l'on ferait mieux de rester en sa chambre,
Que de paraître à table, avec, à cinquante ans,
Cette dérision d'un faible collier d'ambre
Qui semble défier les amoureux autans.

*
  * *

Ces idiots d'idiomes
Dont on ne sait que deux mots,
Bourdonnent comme des psaumes
Que marmottent des marmots.

L'un demande la moutarde,
Et l'autre lui tend le sel ;
De cette sorte, s'attarde
L'appétit universel.

Ce ne sont que logogriphes,
Qu'énigmes et que rébus,
Qui vous prennent dans leurs griffes
De propos interrompus.

De cet amphigouri type
Plus lettre close qu'un vers,
Et qui troublerait « l'Œdipe
Du café de l'Univers. »

Donc, je proclame à voix haute,
Et dût-il m'en démanger,
Que c'est une Babel d'hôte
Que notre table à manger.

*
* *

Donnez donc des bals de knickerbockers,
   Et de waterproof ;
Mais, pour Dieu ! cessez les falbalas chers,
   Venus de chez Rouff.

Redfern est ici tout juste de mise ;
    Et, pour les messieurs,
Privez-nous de voir ce blanc de chemise
    Entre terre et cieux.

La cravate blanche et le frac-morue,
    L'escarpin pareil
Ne vont point au pic, où l'aigle se rue
    Si près du soleil !

Dansez en souliers ferrés, faisant fi
    Même du smoking...
Si vous lui portez encor ce défi
Le Piz Nair choqué vous dira : « *Shocking !* »

XIV

PAYSE

La route est d'une fadaise !..
Les lointains sont bleu d'ardoise ;

Je ne regarde avec aise
Que l'eau des lacs de turquoise.

Irlandaise, Portugaise,
C'est la langue que dégoise

La foule, à pied, comme en chaise,
Troupe en somme assez bourgeoise.

Que j'entende, au Seigneur plaise !
Bientôt une voix Gauloise ;

Serait-elle Marseillaise,
Auvergnate ou bien Lilloise ;

PAYSE

Riomaise ou Condomaise,
Rémoise ou bien Vendômoise ;

Car l'Anglaise et l'Albanaise,
A la fin, me cherchent noise ;

Et leur musique me pèse
Bien plus que celle de Poise.

Mais, sous le rayon de braise,
Que le soleil entre-croise,

J'aperçois une Française ;
Elle s'appelle Françoise.

Jamais qu'elle ne se taise !
Elle me voit, je la toise.

Je la trouve peu mauvaise,
Bientôt elle s'apprivoise ;

Et mon spleen enfin s'apaise
Sous son parler de framboise.

XV

VOCATIONS

Comme Daphné se terminait
Par un feuillage lisse et net ;
Écho, par un soupir ; Narcisse,
    Par un narcisse ;

Comme le roi Midas tournait
En bourrique, sous son bonnet ;
Comme Io finissait en corne,
    Et, Terme, en borne ;

Comme Procné se fait oiseau,
Comme Syrinx se fait roseau,
Leucothoé, l'héliotrope,
    Phœbus, le trope ;

Tous ces voyageurs avérés
Finissent en bâtons ferrés,
En longue-vue et, s'il leur plaît,
    En sacs, en plaid.

Chaque mystérieux objet
Pousse à leur torse, d'un seul jet,
Où se greffe au bout de leur doigt,
    Comme il se doit.

C'est leur complément naturel;
Ils portent, comme un pastourel,
Sa flûte, la forme formelle
    De leur jumelle.

Ils sont l'avatar du Bazar
Des Voyages; et le hazard
A fait d'eux la vivante proie
    De la courroie.

Mais, pour moi, qui, sur les carreaux
Ne trace rien, sous les carreaux
Des châles, je me trouve triste
    D'être touriste !

*
* *

Les touristes font des tours,
C'est leurs grâces spéciales ;
Ils vont, de Paris, à Tours,
Par les Terres Glaciales.

Et, durant qu'ils ont tourné,
De moins fous ont séjourné
Autour des tours et tourelles
Où tournent les tourterelles.

* *
*

Mais pourquoi ces gens s'imaginent-ils
Qu'ils doivent porter un habit étrange ;
Et, parce qu'ils ont fui loin de leur grange,
Montrer leurs mollets aux contours subtils ?

Au lieu d'être encor de braves bonshommes,
Bouvards-Pécuchets, d'un bourg tel ou tel,
Les voilà mettant de côté des sommes
Pour jouer, une heure, au Guillaume Tell.

Le *Voyage en Suisse* éructe, par bribe,
Et fait vivre en eux, sur ce sol béni,
Le knickerbocker atroce, de Scribe,
Sous la redingote où fut Rossini.

XVI

CORYPHÉES ET COMPARSES

Si, souvent, femme varie,
La Suisse n'est point femelle ;
Car, sans fin, elle grommelle
Son refrain qui s'avarie.

C'est une vieille chamelle
A la poitrine tarie,
Qui mêle, dans sa gamelle,
Sa vieille radoterie :

Son chalet qu'à Dieu ne plaise
Que j'habite, et qui me lèse ;
Ses chamois pleins de prestige

Et son vieux lait qui se fige
Sur ces sommets de vertige
Qu'escalade mainte Anglaise.

L'Anglaise cherche querelle
A la montagne pointue ;
Et sa boîte d'aquarelle
A la peindre s'évertue.

Son hardi pinceau se juche
Où la chèvre n'ose paistre ;
Et là, d'un vert de perruche,
Elle peint l'arolle alpestre,

Sur le lac d'un bleu de Prusse,
Elle fignole, elle hache.
Puis, du pinceau qu'elle suce,
Pose, au sommet, sa gouache.

Et tout ce travail d'enclume,
Pour rendre ce site borgne,
Qu'en fermant un œil, on lorgne
Dans le trou d'un porte-plume.

Tout en chantant tes pastourelles,
De ta voix aigre de pétrel,
O pâtre, pasteur, pastourel,
Tu ne fais point des aquarelles.

Laissant les sorbes au sorbier
Tranquille, que tes boutonnières,
Pourraient imposer, les dernières,
De tes chances, sont un herbier.

Tel tu méprises, dédaigneux,
Ou bien aveugle, tant de proies,
O mon pauvre petit teigneux,
Dont tant de *misses* font leur joie.

*
* *

Tout autour, la mâchoire
Du mont, auprès du pic,
Mord la nue, *hic, illic,*
A dent blanche, ou bien noire.

Mainte quenotte saine,
Beaucoup de vieux chicots
Grignotent cette scène,
De leurs crocs inégaux.

Et, sous chaque morsure
Des montagnes de fiel,
On voit, par la blessure,
Fuir le sang bleu du ciel.

Puis, dans le val, pour masque
Du site sans défauts,
Le berger bergamasque,
Faisant siffler sa faulx.

XVII

ÉTOILES

Quò te, Mœri, pedes ?
VIRGILE.

Comme une rose trémière,
Sur ces théâtres alpins,
Fleurit la jeune première,
Prenant, sur ses calepins,

Tant de croquis et d'esquisses ;
— Calepin, lisez *sketch-book*
Indispensable aux misses,
Comme, au Persan, son chibouk.

Elle fait poser, des cimes,
Qu'elle enlaidit sans égards,
Les hauteurs sérénissimes,
De profil et de trois quarts.

Parfois même ses foucades
Photographiques, sans plus,
Vont jusqu'à dire aux cascades
Fougueuses : « Ne bougeons plus ! »

Elle fait, d'après nature,
Et très sérieusement,
L'immense caricature
De Schweiz, pour son châtiment

D'oser nous servir encore
Le site qui nous crispa
Et qui dès longtemps décore
Toutes les boîtes de Spa.

Et, sur ces albums artistes,
Les dents des pics, par milliers,
Feraient rire les dentistes
Avec tous leurs râteliers.

*
* *

Dans ses gants, elle a des pattes,
Plates comme des plateaux ;
Dans ses bas, elle a des battes,
Et sur ses pieds, des bateaux.

Elle avoisine, elle accointe,
Les cimes aux lointains flous,
Qu'elle perce de la pointe
De ses pas à vingt-deux clous.

Nul sommet que sa semelle
N'ait estampé de ce scel;
Et tout le pays grommelle
Sous ce seing universel.

Comme celui qu'un évêque
Place au bas du mandement,
La montagne se rebèque
Sous ce cachet assommant.

Comme une chancellerie
Met son timbre où cela sied,
Elle laisse une armoirie
Partout où pose son pied.

Dans le sentier plein de charmes,
Près du banc où l'on s'assied,
Le sol a gardé ses armes
Qui représentent un pied.

Les névés pleins de mystère,
Et qui donnent le frisson,
Tout aussi bien que la terre,
Ont ce pied pour écusson.

La Jung-Frau, quand elle y pense,
Entre le zist et le zest,
Croit sentir sa vierge pansé
Se maculer de ce crest.

Et, par un pas qui s'emprunte
Aux Valentinos anciens,
Où mainte jambe défunte,
Sous les rythmes musiciens,

Atteignait dans sa ribote
Jusqu'aux frises d'un bleu pur,
Nous verrons un jour la botte
S'imprimer en plein azur !

*
* *

Elle est aussi botaniste ;
Et, sur sa hanche, entr'ouvert,
De sa boîte d'alpiniste,
Se suspend le tombeau vert.

D'un geste vif, elle scalpe,
De ses mousses et lichens,
Le crâne chenu de l'Alpe
Qu'agacent ses doigts taquins.

Et, des pics les plus revêches,
Elle brave les écarts,
En songeant aux feuilles sèches
Dont on fait des *christmas-cards,*

Mais les bouquets-à-Chloristes
Ne sont vus qu'avec mépris
Par ces *misses* herboristes,
Fières, quand elles ont pris

Au pic, sa barbe de mousse,
Dont leur doigt est le barbier,
Et que Dieu bon veut qui pousse
Pour l'honneur de leur herbier.

XVIII

PAUPER

Les mendiants coûtent très cher
Aux édiles de l'Engadine ;
Il faut les envoyer chercher
Dans Trieste ou bien dans Udine.

On les fait venir à grands frais ;
La Compagnie est limitée
Qui les grime, et fait sembler vrais,
Avec une loque imitée.

On les répand sur les chemins,
En des poses étudiées,
Qui laissent s'entr'ouvrir leurs mains,
Et leurs gueules incendiées.

Et, sous leurs décevantes voix,
Nos billons se font débonnaires,
Devant les fausses bonnes fois
De tous ces purs fonctionnaires.

Puis, à la fin de la saison,
Avec leurs gages de margraves,
Pour retourner à leur maison,
On leur rend leurs complets suaves.

Quant aux quatre ou cinq bons de pain
Arrachés aux Ducs richissimes,
On les donne à manger au pin,
Aux prés, aux lacs, aux cieux, aux cimes !

XIX

REVANCHE

Ce mendiant n'avait mangé
Que peu dans le fond des vallées ;
Châtiment peut-être infligé
Pour des fautes qui sont voilées.

Mais Dieu permettait les sommets
A sa fringale : sur les cimes
Il grimpait donc, sans dire mais,
Pour glaner des miettes sublimes.

En haut, les porteurs de paniers,
Les touristes en pique-niques,
Lui donnaient, jamais des deniers,
Mais quelques pilons ironiques.

Il se repaissait ; mais, en bas,
Lorsque changeait le paysage
On ne le reconnaissait pas,
Bien qu'il eût le même visage.

Donc il n'avait jamais songé
A se nourrir dans les vallées ;
Châtiment, sans doute, infligé
Pour des fautes qui sont célées.

Alors il regrimpait. En haut,
Les reliefs se refaisaient riches,
Après cinq heures de cahot,
A travers des sentiers de biches.

Cinq heures de cahin-caha,
L'estomac creux, la tête vide,
Vers la cime où le sort logea
Du pain, pour cette panse avide.

On voyait éclater de loin
Ses dents blanches de cannibale,
Dans sa face couleur de foin,
Sur un fond de montagne pâle.

Il se reposait ; mais dormir
Est mortel dans ces solitudes,
Il faut redescendre et gémir
Entre ces deux vicissitudes :

Ne sommeiller qu'au pied des monts,
Ne ripailler que sur leurs têtes,
Au gré d'on ne sait quels démons,
Pour qui ces tourments sont des fêtes.

Avoir son couvert mis au ciel,
Et son lit dressé dans les prées ;
Ludion du pain et du sel
Qui voit les aubes empourprées

Mettre sa nappe au front du roc,
Et le geste du crépuscule
Découper un drap dans son froc,
Au fond du vallon qui recule.

Et j'en ai conclu que ce fut,
Réincarné, le Mauvais Riche,
De ces rogatons, à l'affût,
Chez Lazare devenu chiche.

Et quand il repassait en bas,
Rencontrant les mêmes visages,
Il se plaçait sur leurs passages
Et répétait son nom tout bas...
— On ne le reconnaissait pas !

. . . .

Ce mendiant n'avait que peu
Mangé, dans le fond des vallées ;
Châtiment exigé par Dieu,
Pour des fautes, qui sont scellées.

XX

Les Engadinais émigrent
A travers les univers,
Loin de leurs vallons que tigrent
Les névés et les hivers.

Ils vont faire leur compote
Et leur confiture d'art,
Loin des lieux qu'encharibotte
L'été, toujours en retard.

Puis, après ces sucreries,
Et les magots amassés,
Le retour aux rêveries,
Au pied des pics surpassés,

Imités en angélique,
Et copiés en nougats,
Que le sucre pentélique
Poudre à frimas et micas.

Loin de leurs vallons que tigrent
Les névés et les hivers,
A travers les univers
Les Engadinais émigrent.

*
* *

Les Oberengadinais
Ne sont que des Bergamasques ;
Car, partout où je dînais,
En vain j'ai cherché ces masques.

Sont-ils sales, ou bien nets ;
Se lavent-ils dans des vasques,
Les Oberengadinais
Qui ne sont pas Bergamasques ?

Se coiffent-ils de bonnets,
De chapeaux, ou bien de casques,
Les Oberengadinais
Qui ne sont pas Bergamasques ?

Ainsi que des sansonnets,
Ont-ils un plumage à basques,
Les Oberengadinais
Qui ne sont pas Bergamasques ?

Aucuns Clouets, dits Janets,
N'ont-ils figuré les masques
Des Oberengadinais
Qui ne sont pas Bergamasques ?

Sont-ils doux comme minets,
Ou bien durs comme tarasques,
Les Oberengadinais
Qui ne sont pas Bergamasques ?

Sont-ils savants ou benêts ?
Ne serait-ce point *le Masque
De fer*, que l'Engadinais
Qui n'est point un Bergamasque ?

L'hiver, quand je patinais,
Je croyais, sous la bourrasque,
Voir l'Oberengadinais...
Mais c'était un Bergamasque.

Force gens du Gâtinais,
Et des Osques, et des Basques ;
Mais d'Oberengadinais,
Point... sinon des Bergamasques.

Et, toujours, je m'obstinais
A vouloir lever le masque
D'un Oberengadinais
Qui ne fût pas Bergamasque.

Est-il comme un Japonais,
Ou bien comme un Monégasque,
Cet Oberengadinais
Qui n'est pas un Bergamasque ?

Est-il faiseur de sonnets,
Joueur de tambour de basque ;
Cet Oberengadinais,
Qui n'est pas un Bergamasque ?

Est-ce en des estaminets,
Ou des cloîtres, qu'il se masque,
Cet Oberengadinais,
Qui n'est pas un Bergamasque ?

Envoi.

Conte que je badinais,
Quand j'écrivis cette frasque,
Si, par hasard, tu connais
Un Oberengadinais
Qui ne soit pas Bergamasque !

XXI

CONSEILS

AIRS VARIÉS SUR DES MOTIFS DU GUIDE

Lac vert clair.

Le Touriste précis qui prétend se régler
Sur le *Guide*, voulut voir le beau *lac vert clair*.

Mais, sous les flocons fins du brouillard qui déferle,
Le lac, effrontément, se montra gris de perle.

Le Touriste revint ; mais, sous le ciel d'azur,
Le lac, bizarrement, affecta de bleu pur.

Puis, sous les haillons d'or qu'un soleil couchant bouge,
Le lac, étrangement, apparut jaune et rouge.

Le Touriste revint, vit le lac violet,
Guide, sans se troubler de ce qui vous déplaît.

Sous l'aurore il fut rose, incarnadin, orange,
Guide, sans s'occuper de ce qui vous dérange.

On le vit blanc, sous l'aube, et noir, au fond des nuits
Guide, sans se troubler de causer vos ennuis.

Mais le *vert clair* gardait obstinément rancune,
Et le prisme en ce lac n'eut que cette lacune.

Et le Touriste, las enfin de s'embusquer
Revint un peu fâché contre son Bædeker.

*
* *

Riche flore.

On est étonné d'apprendre
Que cette lande de gneiss
Puisse alimenter et rendre
D'autre fleur qu'un édelweiss ;

Et que ces coteaux en friches,
Durs comme la chaise Gild
Holm-Ur, aient des flores riches
Comme un Aroun-al-Rothschild.

*
* *

CONSEILS

N'oubliez pas le précepte
Essentiel : *que l'adepte*
Évite le compagnon
Qu'il ne connaît que de nom.

On fait souvent, à des tables,
Des connaissances sortables
Qu'un projet d'excursion
Transporte de passion.

Mais ces épaves d'auberges
Sont ignorantes des berges
Qu'on longe mal sans l'acquis
De plusieurs dames Saquis.

Alors, il faut que l'on plante
Là l'homme à la marche lente ;
Ou qu'on double ses fardeaux
En le prenant sur son dos.

Puis, ce Samaritain, n'est-ce
Pas, pourrait être une espèce ;
Un forçat tout justement
En voyage d'agrément ;

Un échappé de son bagne,
Faisant un tour de campagne ;
Ami par trop imprévu
Pour qu'avec lui l'on soit vu ?

Enfin, qu'est-ce que la somme
Des maux qu'on peut essuyer,
Près du penser que cet homme
Pourrait bien... nous ennuyer ?

XXII

ENNEMIS

Que les Japonaiseries
Éclosent à Saint-Moriz
Leurs chères niaiseries,
Ni plus, ni moins qu'à Paris ;

Que, sur des gongs authentiques,
On puisse encor faire *bing*,
A ces hauteurs fantastiques,
Ni plus ni moins que chez Bing ;

Ce ne sera pas moi, certes,
Qui m'en plaindrai, vous pensez ;
C'est toujours autant de pertes ;
Autant d'argents dépensés.

Rapporter, de ce voyage,
Un bibelot Japonais,
C'est une victoire sage
Sur les bois sculptés benêts,

Les porte-plume féroces
En agates et lapis,
Les botanistes atroces,
Et les photographes pis ;

Les édelweiss en brochettes,
En broches et bracelets,
Comme en boutons de manchettes
Et vingt bijoux non moins laids.

Sur le pichet, sur la pipe
L'édelweiss donne le ton,
Jusqu'à faire prendre en grippe
Cette étoile en molleton.

*
* *

Mais, plus que tout, ce qui prouve
De déplorables instincts,
C'est qu'ici même on retrouve
Les Chopins, les Rubinsteins,

Qu'une demoiselle stricte,
Au doigté cruel et sec,
Inexorablement dicte
A son piano-rebec,

Pour exportations piètres
Des valses, qu'on crut aimer,
A plus de dix-huit cents mètres
Sur le niveau de la mer !

*
* *

Par l'art de la demoiselle
Dont chaque matin ruisselle
Une étude de Czerny,
Tout mon bonheur est terni.

Le Mendelssohn à grands flots
De romances sans parole
Découle de la corolle
De ses doigts à peine éclos.

Sa valeur, clopant-clopin,
Sans attendre les années,
De ses griffes obstinées
Lacère déjà Chopin.

*
* *

Sur son piano-casserole,
La demoiselle va semant
Cette romance sans parole
Des plus impitoyablement.

Comme on sème des fèverolles
Elle jette, deci, deçà
Cette romance... sans paroles...
— Il ne manquerait plus que ça !

XXIII

NUPTIAS FECERUNT

*Il faut des époux assortis
Dans les liens du mariage.*

Une union bonne à faire,
Dans notre temps dévié,
Une fille plus prospère,
Un fils moins atrophié ;

Ce serait la pianiste
Du piano de l'hôtel,
Avec l'excursionniste
Du pic de Guillaume Tell.

Du clavier la virtuose,
Et le héros du glacier :
Le pied, la main qui tout ose,
Jarret et poignet d'acier.

*
* *

Elle, dès l'aube frileuse,
Au mystérieux regard,
File déjà la *Fileuse*,
De Mendelssohn, sans égard

Pour les sommeils qu'elle brise,
Et les rêves qu'elle rompt ;
Et son doigté preste frise
Le clavier d'un geste prompt.

Lui, de meilleure heure encore,
Gagne les champs de névés,
Dont la neige se décore
De la fleur de l'édelweiss.

Il en tresse la couronne
Qu'au lieu de fleur d'oranger
Dont l'épouse s'environne,
La sienne doit arranger.

Puis, son front bat la campagne,
Et n'a plus un seul grief,
En voyant fuir la campagne
Ainsi qu'un plan en relief.

*
* *

Des épousailles rigides
Les témoins remplis d'ardeur
Seront, d'une part, deux guides,
De l'autre, deux accordeurs.

La toilette naturelle
De ce couple, sans choquer,
Est son waterproof, pour elle ;
Pour lui, son knickerbocker.

Le festin de noces, faute
De mieux, sera ce qu'on a :
Le dîner de table d'hôte
Transformée en un Cana.

Mais, au rebours du miracle
Du Véronèse ancien,
Où, sur son violon, râcle
Un si beau musicien,

On changera, par maligne
Peur d'un plagiat trop grand,
Le vin de la Valteline
En l'eau pure de torrent.

Et la chambre nuptiale
Où Léandre à son Héro
S'unit, sera glaciale
Sous sa porte à numéro.

De la sorte, par ce sage
Et rationnel chemin
Le fruit de ce mariage
Aura bon pied, bonne main.

Or le piano-négoce
De ce sacrement prudent,
Tressaillira, quand le gosse
Fera sa première dent.

Et, pour célébrer la fête,
Déjà le papa s'apprête
A grimper comme un lion
Sur la *dent* de Vaulion !

XXIV

Pot-pourri, c'est bien dit ; mais pot-pourri d'Auber,
Programme !... Pot-pourri sur l'étrange *Muette*
Qui parle tant ! — A ce titre, c'est mal tomber ;
Et, quand on est muet, on pique sa muette.

Cette muette-là, vraiment aussi bavarde
Qu'une pintade, qu'une pie et qu'une outarde,
Si, selon son mérite, enfin, on la jouait,
Devrait, pour chef d'orchestre, avoir un sourd-muet.

Son « pêcheur parle bas » parle beaucoup trop haut ;
Son « roi des mers » serait beaucoup plus comme il faut
Si leur partition dont la clameur s'élance
Était uniquement écrite de silence.

Pot-pourri, c'est fort bien, parmi la pourriture
Que le *Domino noir* sous son masque triture,
Programme ; mais comment oser juxtaposer
Au terme pot-pourri, le divin *Tannhauser* ?

※
＊ ＊

Un son d'accordéon nuit fort au paysage ;
A peine on s'imagine à quel point c'est cagnard ;
Et de Palestrina le coup d'œil fut peu sage
S'il n'avait pas prévu ce long feu de son art.

On est là tout ému de contempler un site
Lorsque ronfle et bourdonne un sourd accordéon.
Le prestige s'envole à ce bruit illicite
Et s'évapore aux voix de ce piètre orphéon.

Et, loin de nous créer une âme harmonieuse,
Comme dit Doña Sol, cette musique-ci,
Fait éclore en mes vers l'âme la plus hargneuse
Qu'il soit en mon pouvoir d'émettre, et que voici.

XXV

TINTINNABULA

Les troupeaux, quand l'aube règne,
Sortent ; et l'air du matin,
Sous leurs clochettes, s'imprègne
D'un Angelus argentin.

C'est un chant de crépuscule
D'aurore, qui dit *Ave*,
S'évanouit et recule..,
— Et je crois que j'ai rêvé.

Sous l'ombre que le ciel verse,
De nouveau, quand vient la nuit,
Des clochettes se disperse.
Le mélancolique bruit.

C'est le chant du crépuscule
Du matin, qui, dans le soir,
Revient, et récapitule
Tout ce qu'a donné l'espoir.

*
* *

Ces grelots, dont le vent s'alize,
Sont les carillons de ces monts.
L'air que font Amsterdam, et Mons,
Pleuvoir du clocher des églises,

L'Engadine, pour nous, le fait
Monter du col de ses aumailles,
Enfermant, de sonores mailles,
Le pic, le lac, l'homme, le fait.

Mais, qui dira le chant liquide,
L'atmosphérique ralliement,
Le baiser terrestre et fluide
De l'air, et des airs, par moment,

Quand l'aube est à peine levée,
Le bruit à peine ébruité,
Et que cette gamme irrêvée,
S'y répand en rythme pluité :

Et, rencontrant parmi les voiles
Du matin, les suprêmes feux
De la dernière des étoiles,
Fait croire que le chant vient d'eux.

XXVI

OBJETS PERDUS

La montagne a des airs de montagne accouchée,
    Et la lune en plein jour
Y pose un disque blanc que la cime couchée
Semble gonfler, de sa bouche au rocheux contour.

Et nous rions de voir cette femme colosse,
    Boursouflement bouffon,
Qui souffle dans le ciel, aux fraîcheurs de buglosse,
    Sa bulle de savon.

*
* *

Les neiges d'antan sont ici...
Ce sont de fort vieilles commères ;
Et, sous leur flocon endurci,
Sont leurs mères et leurs grand'mères :
Les neiges d'antan sont ici.

Les neiges d'antan sont ici.
Il en est de contemporaines
D'Allys, Bietrys et Berthe aussi,
Et de bien plus antiques reines
« Qui chantaient à voix de sereines... »
— Les neiges d'antan sont ici.

*
* *

Au-dessus des rocs dépités,
Loin de toute région basse,
Lorsque de beaucoup l'on dépasse
Les sommets par l'homme habités,

On pénètre enfin dans l'Empire
Dont la Neige ouvre les palais
Vierges, où plus rien ne respire
Que les aigles et les Anglais.

*
* *

Le pic, comme une dent,
Çà et là va mordant,
Durant cent et cent lieues,
Le ciel en jupes bleues.

Voyant le rictus dur
Des gueules d'avalanches
Montrer ses dents bien blanches,
Sans fin, à leur azur ;

Les célestes campagnes
Maudissent, sans secours,
Ces chiennes de montagnes,
A leurs trousses, toujours.

*
* *

Le bas des robes du ciel
Laisse voir les effiloques
De ses ourlets mis en loques
Par les pics aux dents de fiel.

Les montagnes, bonnes pièces,
De leurs crocs, incessamment,
S'amusent à mettre en pièces
Les jupons du firmament.

*
* *

Les cimes ont les crocs noirs
Pour fumer trop de nuage
Dont l'acre vapeur fait rage
Au long de leurs promenoirs.

O montagnes, vous avez
Tort de laisser, à vos lippes,
Brûler le fourneau des pipes
Où sont peint des édelweiss.

* * *

Ces pics, par un cas fortuit
D'altitude originelle,
Ont cette neige éternelle
Dont on fait beaucoup de bruit.

Ils n'en sont pas responsables :
C'est un hasard, c'est un fait ;
Ils ont les neiges, effet
Sûr, comme un autre a les sables.

Tout au plus, les accidents,
Un touriste qui rend l'âme,
Veulent bien, de temps en temps,
Leur faire un peu de réclame.

XXVII

Ces montagnes ne sont que vieilles Danaés
Qui tendent vers le ciel leurs seins aux bouts robustes,
Pour faire s'exercer dans le creux de leurs bustes
Les Jupiters tonnants, les Jupins monnayés.

Ce divin cryptogame entoure d'un nuage
Qui fait qu'on ne sait pas très bien lequel des deux,
Cette gorge, vraiment belle encor, pour son âge ;
Et, là-dessous, opère un rite hasardeux.

Et, quand le voile gris de l'agissement louche
Écarte un peu son drap complaisant et troublant,
On voit la Danaé, des pieds jusqu'à la bouche,
Étaler son giron tout jonché d'argent blanc.

Cette montagne ayant usé du pittoresque,
Jusqu'à rendre encor plus commun le lieu commun,
S'avise tout à coup d'apparaître comme un
Enfariné Pierrot au visage de fresque.

Hier, elle portait une coiffure en brosse
Verte, de ses cheveux en bâtons de tambour ;
Or, la voilà changeant cette attitude pour
Nous servir, ce matin, un truc de plus, la rosse !

La voilà retrouvant, parmi tout ce qui nuit
Dans la banalité féroce de sa trame,
Le clou le plus rouillé du roman et du drame,
Le vieux clou des cheveux blanchis en une nuit !

XXVIII

NIVÔSES D'ÉTÉ

Ces neiges de Septembre
Font des coquetteries
Comme aux murs de ma chambre
Des japonaiseries.

C'est pour voir, sur un lis,
Qu'un lis en givre pose ;
C'est pour voir, d'une rose,
Les traits un peu pâlis.

C'est pour mêler un pleur
De rosée, et de neige ;
Pour entendre un arpège
D'hiver, sur une fleur.

C'est pour voir, d'un oiseau,
Les ailes engourdies
Sur le frileux réseau
Des branches alourdies.

C'est pour voir les fraîcheurs
Se remplir de froidures ;
Et ces caresses pures
De blancheurs sur blancheurs.

*
* *

La neige blanche sur la terre,
Comme elle est noire sur le ciel !
Éternellement le mystère
Est double ; et, le vrai, partiel.

Que nos âmes sont désolées
Sur la terre, et que, sur le ciel,
Vite, elles semblent consolées !

Le mal est sombre, sous le ciel ;
Sur le ciel, il s'auréolise,
S'améliore, s'égalise.

Ainsi le ciel, ainsi le miel,
Selon le regard, s'oblitère...
La douleur noire, sur la terre,
Comme elle est blanche sur le ciel !

*
* *

NIVOSES D'ÉTÉ

Le ciel éclairait la terre
Tout à l'heure ; quel mystère !
La terre éclaire le ciel.
Que de neiges sont tombées !
Les combes en sont bombées.
C'est le candide et pur miel

Qu'ont déposé les abeilles
Qui dépouillent les corbeilles
Du grand azur incliné ;
Défunte abeille des flores
Inodores, incolores
Qui déconcertent Linné.

Essaim des pleurs de la brune,
Essaim des fleurs de la lune,
Dessin des fleurs du tapis
Dont les cotons qui floconnent
Emmitouflent, enjuponnent
La gentiane en lapis.

*
* *

On se croit têtes tournées,
Ces indicibles journées
Où le sol luit sous le ciel ;
Où le ciel qui s'enténèbre
Devient un terrain funèbre
Suspendu sur le mortel.

Où le sol qui s'illumine
Se creuse comme une mine
De lumière sous nos pas.
On croit marcher sur la voûte
Céleste, et voir fuir la route
Terrestre, là-haut, d'en bas.

On adresse ses prières
A ce qui fut les bruyères ;
Et, la poudre des souliers,
On la secoue où les astres
Brillaient, selon les cadastres
Des firmaments oubliés.

Mais, si quelque pâquerette
Perce de sa collerette
La neige blanche du sol,
On la prend pour quelque étoile ;
On va jusqu'à mettre un voile,
S'il s'agit d'un tournesol.

A son tour, l'étoile hérite,
Est prise pour marguerite,
Et rien ne peut dépister
Ce déconcertant désastre :
L'aster est pris pour un astre,
Et l'astre pour un aster.

NIVOSES D'ÉTÉ

La campagne est toute frisée,
Comme de chèvre du Thibet,
De cette neige qui tombait
Tout hier — et tout irisée.

Comme de cygne, au brin si mol,
Les campagnes sont duvetées,
Sous cette neige au flocon fol,
Ici, par l'été, brevetée.

Comme d'hermine au poil si fin
Se vêtent les montagnes bleues,
Sous la neige où le sombre pin
Sème ses végétales queues.

*
* *

Et quand, sur les fonds de glaciers,
Leurs symboles et leurs tentures,
O Léonard, où vous placiez
Les femmes-sphinx de vos peintures,

L'ombre, vers ce vallon s'abat
Où les neiges, fondant, fléchissent...
On croit voir des os qui blanchissent
Dans le vallon de Josaphat ;

Ou, parmi l'extase inouïe
De ces cimetières géants
Dont parlent les Nuits d'Arabie :
Cimetières des éléphants !

XXIX

ROBES

Aux cimes, l'aube trémière,
Blanche comme une union,
Met leur robe de première
    Communion.

De lumière variée
S'éclaire, l'après-midi,
Leur robe de mariée
Au glacier presque attiédi.

Et, sous l'œil bleu de la lune
Au sommet, demeuré seul,
Le névé, dans la nuit brune,
    Met son linceul.

*
* *

Comme la queue
D'un grand paon blanc
De lieue en lieue
Se déroulant,

Le glacier joue
De son plumail,
Et fait la roue
En éventail.

*
* *

Les ombres sont bleues,
Et, durant des lieues,
Ce n'est que névé.
C'est Lui, ce fulgore...
— Mais l'on croit encore
N'avoir que rêvé.

L'ombre devient verte ;
On dirait, à perte
De vue, un gazon.
C'est Lui, ces pelouses...
— Mais les fleurs jalouses
N'y sont de saison.

ROBES

Les ombres sont roses.
Ce ne sont que roses
Sous l'aube qui point.
C'est Lui, ces corbeilles...
— Pourtant les abeilles
N'y bourdonnent point.

Ombres violettes.
C'est vous, violettes
Du printemps vainqueur.
C'est Lui, ces calices...
— Mais nulles délices
N'habitent leur cœur.

Les ombres sont jaunes,
De fuyantes zones
Où n'erre nul pas.
On dirait des marbres
Où les reflets d'arbres
Ne se meuvent pas.

Les ombres sont grises.
On dirait des frises
De temple écroulé.
C'est Lui, socles, plinthes...
— Pourtant, nulles plaintes
Sur eux n'ont roulé.

L'ombre se fait brune
Sous le deuil sans lune
De la nuit qui vient,
C'est Lui, ces funèbres
Remous de ténèbres...
— Et l'on se souvient !

*
* *

De son plumail
Le glacier joue
Et fait la roue
En éventail,

De lieue en lieue,
Dans l'air du soir,
Comme la queue
D'un grand paon noir.

à Paul VERLAINE.

XXX

CREVASSE

> Pour la femme et la famille, une terreur pleine de deuil repose sur ces hauteurs dont les bois mêlés de neige se marquent au loin funèbrement par des taches de blanc et de noir.
> — MICHELET.

La pluie humecte
Le petit corps de l'enfant
Tombé dans l'ombre
Du glacier aux yeux d'azur.

Le père cherche ;
L'enfant n'est pas retrouvé.
Alors, les guides,
De tous côtés, sont partis.

Harpagaus même ;
(C'est le meilleur du pays.)
La pluie immerge
Le menu corps de l'enfant.

Avec un autre
Conrad s'était en allé ;
Cet autre rentre ;
Mais, lui, n'est pas revenu.

Pour voir l'aurore,
Il a voulu rester seul.
　　　Nul ne s'étonne,
Ici c'est habituel.

　　　On s'épouvante
Vers le soir du samedi...
　　　La neige ouate
Le sommeil froid de l'enfant.

　　　Chacun en parle ;
On dit ceci, puis cela ;
　　　Et tels le louent
Qui l'appelaient polisson !

　　　Dans la boutique,
Chez la pâtissière aussi ;
　　　Près de la poste,
Et même dans les hôtels,

　　　On interroge :
« Est-il retrouvé, l'enfant ? »
　　　On s'intéresse :
« L'enfant n'est pas retrouvé ! »

　　　C'est une aubaine
Pour la *Conversation*
　　　Des salles dites
Ainsi, parce qu'on s'y tait.

Les parents cherchent,
Et puis ils ne cherchent plus !
Ils mangent, boivent,
Dorment même, désolés !

Ils se réveillent.
Hélas ! Conrad n'est plus là !
Est-ce possible ?...
On se remet au travail.

Parfois on pense
Qu'il va rentrer tout soudain,
Pour quelque noce
Partout ailleurs attardé.

Que fou de joie
On sera, plus d'un instant...
Puis que, bien vite,
Après, on le grondera.

Telle, une chose,
Breloque oubliée, un rien,
Que l'on rencontre,
Joyeux, au pli d'un sentier.

Mais, non, la pluie
Au cadavre de l'enfant ;
Mais non, les larmes
Aux yeux du père qui coud*.

* C'est un cordonnier.

La grêle troue
La dépouille de l'enfant,
Mangé dans l'antre
Du glacier aux dents d'azur.

*
* *

La mère pleure :
Pas même d'enterrement !
Pas une bière
Même, où greffer son chagrin.

Pas une pierre
Où déposer quelques fleurs ;
Une couronne
Accrochée, en affreux jais.

Or, avant l'aube,
Et du côté du glacier
Elle va faire
Sa prière du matin.

Avec des choses,
Plantes sauvages, de l'eau
Bénite... et prie
Devant le vague cercueil,

CREVASSE

   Le tombeau vaste
Dont le blanc marbre gelé
   Parfois lui laisse
Comme entrevoir une main,

   Un pan, une ombre,
Un souris mystérieux,
   Un œil, un geste,
Quelque chose de crispé

   Qui crie, et prie,
Qui se cramponne, et s'abat,
   Grimpe et retombe....
Jamais sauvé, jamais mort !

   Du cimetière
Elle n'a que trop la clef,
   La clef des glaces,
La clef des champs de névé !

   Et l'eau détrempe
Le squelette de l'enfant
   Glissé dans l'âme
Du glacier au cœur d'azur !

XXXI

Les montagnes ont mis leur bonnet de coton,
Les gorges ont bâillé, puis les sapins s'étirent :
Des pics coiffés de nuit les clartés se retirent,
Et la vallée obscure a l'air d'une Gothon
Rêveuse, toute prête à se mettre en les toiles
De ses brouillards de fil, de ses brumes de lin ;
Qui se mire en son lac dont s'abaissent les voiles,
Tandis que la veilleuse exquise des étoiles
Éteint le dernier cri des laveuses de voiles,
Le mystérieux cri des laveuses de l'Inn !

*
* *

Sur le point d'arriver au front de la montagne,
Que vois-je, me tendant ses bras prétentieux,
Et vers l'humilité de la basse campagne
Semblant offrir le bleu disponible des cieux ?

Une croix. — Sur mon âme, il y manque le cierge !
Je veux être un Icare en un azur plus bleu ;
Un Christophe Colomb sur un terrain plus vierge ;
Et je fuis cette cime où déjà trône Dieu !

*
* *

Je pourrais pardonner encore à l'Helvétie
— Ou Suisse. — de vouloir donner mainte vessie
Pour lanterne. Ses pics : elle est bossue ainsi ;
Ce n'est pas de sa faute ; on lui passe ceci.
Elle met des névés où d'autres ont des sables ;
Elle est gongorisante, ampoulée, haïssable ;
Mais, responsable, non, de ces sots entrelacs.
— Or, sa perversité réside dans ses lacs.
Car enfin, c'en est trop ! et tout ce qu'on peut faire
En somme, pour l'amour d'une telle atmosphère,
C'est de subir, un coup, le pays que je vois ;
Et que ce miroir veut faire admirer deux fois !

XXXII

GRAAL

Au sommet du Johannesberg,
Après avoir monté mainte heure,
On trouve un petit lac bleu vert
Dont la présence a l'air d'un leurre.

Ce liquide semble placé
Sur ce sommet, dans cette coupe,
Pour étancher le vol lassé
De quelque aérienne troupe.

Et ce lac qui serait surpris
De désaltérer des mésanges,
Pour donner à boire aux esprits
Paraît pleuré là par les anges.

Car son tain immatériel
Qui ne mire nulle hirondelle
Ne reflète que les coups d'aile
D'Ariel et de Gabriel.

*
* *

L'eau répète si purement
La voûte, d'astres si prodigue,
Qu'en un liquide firmament
Il semble qu'en bas je navigue.

Puis, le ciel mirant, envolé,
Le flot où ma rame se plonge,
C'est comme en un lac étoilé
Que là-haut se berce mon songe.

Et tes yeux, qui sont deux lacs purs,
Ou deux ciels scintillants d'étoiles,
Mêlent ensemble, avec nos voiles,
Tous les astres des deux azurs.

XXXIII

LA CAUSE

A cette heure je m'explique
Le goût que les épiciers
Manifestent sans réplique
Pour les pins et les glaciers ;

Car, je le dis sans vindicte,
Ces pins ne sont que des pains
De sucre verts, dont l'art dicte
La pointe de ces sapins.

Mais, c'est peu de voir les arbres
Se mouler sur leurs patrons ;
Et ces poussières de marbres
Qu'aux sommets nous admirons,

Sont encor le sucre en poudre
Que, dans un tamis sans fin,
Émiette parmi la foudre
Le grand épicier divin.

LA CAUSE

*
* *

Ces pins sont des pains de sucre
Que ce pays nourricier
Rangea, par esprit de lucre,
Pour captiver l'épicier.

Le subterfuge est pratique ;
Ainsi Jacob et Potin
Se pensent dans leur boutique,
En s'éveillant le matin.

Ces improvisés touristes,
En voyant les pins bien ronds,
Se sentent un peu moins tristes,
Et disent : « nous reviendrons. »

*
* *

A présent je sais la Suisse
Par cœur ; je connais ses lots :
Le touriste à forte cuisse
Sous son sac de huit kilos ;

La demoiselle sonore
Jouant de broc et de bric
Sur le clavier osanore
D'un clavecin de Zurich.

Je sais le propos austère
Que l'on tient dans la Sion
De ce *salon* de mystère
Dit *de conversation*.

A ces maux dont il faut geindre
S'ajoute depuis longtemps
Pour moi le mal, plus à plaindre,
De compter plus de vingt ans.

XXXIV

CLOÎTRE

A travers les barreaux des branches sans feuillages,
Je vois le paysage enfermé, les villages
Blancs, les prés verts, les lacs bleus, les pics à foison ;
L'incarcération de tout un horizon
Qui me regarde, et que je vois, sous les grillages
De ces vivants barreaux de porte de prison.

Cette campagne grave et préraphaélite
Sous le froc vert et brun de sa robe d'élite,
Des yeux bleus de ses lacs, qui semblent des émaux,
M'envoie un doux regard à travers les rameaux,
Comme un terrestre et triste adieu de carmélite
Dont le lointain murmure articule des mots.

*
* *

La vallée a pris le voile
Pour le matin de l'adieu ;
Elle se confit en Dieu
Pour oublier mon étoile.

La vallée hospitalière
Imite, en perdant ma loi,
Madame de La Vallière
Quand l'abandonne son Roi.

Elle se fait carmélite,
Sous son habit brouillardeux,
Et s'enferme dans l'élite
De nos souvenirs à deux.

Car nous étions bien ensemble,
Cette vallée et mon cœur ;
Nombre de fois, ce me semble,
Son charme me fut vainqueur.

Car nous étions bons amis,
Cette vallée, et mon rêve ;
Et son horizon, sans trêve,
A mon rythme fut soumis.

Ses larmes sont un torrent
Et ses pleurs une cascade ;
Et son soleil se reprend
Comme on souffle une muscade.

Les lacs bleus, qui sont ses yeux,
Se ferment, sous la paupière
De maint nuage tayeux ;
Et, dans sa verte rapière,

La montagne prend son pin
Dont la brune lame fonce :
Et, pour sabre de Scapin,
Dans son flanc vert se l'enfonce.

XXXV

ÉPIGRAPHES ET ÉPIGRAMMES

Les pauvres ne sont pas, au fond, si malheureux
    Qu'on dit, quoiqu'il se puisse ;
Car, enfin, dans la vie, ils ont ceci pour eux ;
    Pas d'argent, pas de *Suisse !*

*
* *

Ci-gît ce que j'ai fait, et ce que j'ai rêvé
Au-dessus du pur blanc des neiges du névé,
A l'ombre du mélèze, à l'abri du pin cimbre,
Enveloppe d'un vert que le bleu du ciel timbre.

*
* *

Ici, tout prend un air énorme, grave et tel
Que celui de ce pic solennel et grotesque ;
L'infinitésimal y devient gigantesque ;
Et même Gros-Guillaume est Gros Guillaume Tell !

*
* *

La vallée est, au jour, la coupe d'émeraude ;
L'eau des lacs de saphirs liquéfiés y rôde ;
Et, sous l'œil de la Lune, au prestige changeant,
C'est la coupe d'argent, pleine de vif-argent.

*
* *

Le vert des pins, le bleu des lacs, le blanc des neiges...
Le blanc des pics, l'azur des lacs, le vert des pins...
La Suisse, ainsi, refait sans fin, ces trois arpèges
Sur le clavier du piano des clubs Alpins.

XXXVI

AUTRES GRIFFONNAGES EN DIFFÉRENTS SENS

En ce lieu de pléonasme
Le ciel semble avoir un asthme,
Et tousse et crache à la fois ;
Il neige, il pleut, tonne, éclaire :
Larme-pluie et neige-glaire,
Éclairs-regards, foudre-voix.

*
* *

La cime, vieille coquette,
Pour son teint dur et rugueux,
De tous les fards est en quête
Contre les hâles, ces gueux.

Et j'aime à voir son manège,
Ce qu'elle fait de souris
Au ciel, quand tarde la neige,
Sa houppe à poudre de riz.

⁂

Le Pic, cet horrible singe,
Cet atroce sagouin,
Éprouve enfin le besoin
De changer un peu de linge.

On ne saurait s'affranchir
De cette coutume oiseuse :
La neige, sa blanchisseuse,
Se décide à le blanchir.

⁂

Tu demandes pourquoi l'on monte ;
Pourquoi sans fin l'on est grimpé,
Dans ce pays qui pourtant compte
Plus d'une suave Tempé.

Il ne s'agit d'aucun Olympe
Ni d'aucun Permesse à dompter :
Ce n'est que pour grimper qu'on grimpe ;
On ne monte que pour monter.

⁂

Turquoises en lacs tombées
Des ceintures de la Vierge ;
Couleur de cire flambées,
Névés coulant comme un cierge.

Et mainte ville, tombée
Des poches de Dieu le Père...
Ville pauvrette, ou prospère,
Où l'homme à l'âme nimbée
Pleure, espère, désespère...

⁂

En Suisse, on trouve des cafés
Au sommet de toutes les cimes ;
Aucuns monts qui ne soient coiffés
De ces débits sérénissimes.

Au point qu'il semble essentiel
Que Dieu fit ces cimes altières
Pour qu'on boive, entre terre et ciel,
Les cafés-au-lait des portières.

*
* *

Le cadran solaire de Sasellas
    Me dit l'heure, de son trait d'ombre,
    D'une ombre qui semble moins sombre ;
    Et moins prometteuse d'hélas.

Ma petite montre de pierreries,
    Elle m'a sonné tant de glas
    (Quoiqu'aussi des heures chéries)
    Que j'en suis peut-être un peu las...
    (Bien qu'aussi des heures chéries !)

*
* *

    L'Engadinais est poilu,
    L'Engadinais est polaire,
    Et son grognement colère,
    A l'entour du Piz Palu,

    Quand son attitude oursonne
    Sur ma route se planta,
    A fait qu'ici je poinçonne
    La *patte d'ours* des Planta*.

* Crest d'une importante maison locale.

※

L'aconit pousse à la botte,
A côté de l'arnica,
Près du ruisseau dont clapote
Le liquide harmonica.

Et ce clavier qui marmotte
Sur son gravier de mica,
Accompagne une marmotte
Chantant comme Sélika.

※

Dans ce pays de montagnes
On écrit plus aisément
Que dans les plates campagnes,
Qui sont tables seulement.

Et j'attribue, en arbitre,
Tant d'écrit inquiétant,
A la forme de pupitre
Que la colline vous tend.

*
* *

Qui connut ce pays charmant
Dont le paysage m'attriste,
Mais où l'idée, incessamment,
Va, vague, vient, pure et puriste,

Voudrait bien ne plus séjourner
Dans les terres où l'on est bête,
Et dans les climats où la tête
N'a que la force de tourner.

au Professeur DIEULAFOY.

XXXVII

FINALE

> Le Cône sent si bien qu'on le guette
> qu'il n'ose sortir de chez lui, et y meurt
> de peur de mourir.
> MICHELET (*La Mer*).

Comme un oiseau sous une cloche pneumatique,
Ceux qui, dans les bas-fonds, se sentent manquer d'air,
Vont à cette vallée altière demander
Ce qui fait moins débile, ou rend moins asthmatique.

A peine sur la cime, on les voit gais, dispos,
Jacassant, pépiant, comme une borgne pie.
Or, quand ils ont bien lu, relu mistress Opie,
Ils veulent redescendre un peu vers le repos.

Mais, refaits à l'instant plats comme une morgoule
Que la vague dépose, il leur faut recourir
Vers l'unique royaume interdit à la Goule,
Hors du *home* où leur cœur se reprend à mourir.

*
* *

Ils traversent les mers et franchissent les isthmes,
Pour fuir avec effroi leurs natives amours ;
Et leurs doigts incertains tracent leurs ostracismes
Sur la chère coquille où s'abritaient leurs jours.

Ils ont le cœur plus triste et l'âme plus fendue
Que Moïse ignorant du Chanaan promis ;
Car leur Terre promise, à jamais défendue,
C'est leur pays ouvert, mais qui n'est plus permis.

Tantales résolus, conscient Prométhée,
Le souvenir-vautour incessamment les mord ;
Et la réminiscence, en leur âme ameutée,
Les fait agoniser en haine de la Mort.

*
* *

La crainte de mourir assassine leur vie ;
Leur cercle vicieux, c'est périr, et périr ;
L'air du pays les tue ; et, du pays, l'envie,
Quand ils sont éloignés, les prive de guérir.

Pour eux la nostalgie a cette seule cure :
Mourir ; le spleen : mourir ; et le mal du pays :
Mourir ! — Rien que mourir. Seul, mourir, leur procure
De revoir leur pré vert ou leur champ de maïs.

« Si tu préfères tout à l'exil haïssable,
Donne à boucler ton coffre, et, ta rosse, à sangler. »
— Mais l'homme, à peine en selle, a cru sentir le sable
Lui descendre en la gorge, et, déjà, l'étrangler.

Il est le vrai proscrit, le damné volontaire
Qui sans fin tergiverse entre l'effrayant choix
Du regard de l'azur, et du goût de la terre
Où dorment les amis, dans leur cercueil de bois.

*
* *

Dans l'air qui vous conserve, il faut qu'on se survive ;
L'homme-souris avec la mort-chat veut ruser.
Et ce qui lui revient de ses forces, avive
Le regret du bonheur qui devrait en user.

Captifs pris pour jamais entre deux agonies :
Perdre, chez eux, le jour qui, chez eux, leur est cher ;
Ou poursuivre un pourvoi d'existence finie ;
A bon compte, cesser, ou durer, payé cher.

C'est leurs limbes vivants, leurs mourants purgatoires,
Entre terres et cieux, loin de l'enfer ami ;
Hybride humanité, chauves-souris notoires
Qui volent à moitié, qui marchent à demi.

Allez-vous en, chacun chez vous, voyageurs tristes !
A quoi bon se sentir vivre, quand on se sent
Râler sans fin ?.. Allez goûter des morts artistes,
Conscient suicide, et pourtant innocent ;

Retrouver vos parents, vos mères et vos filles,
Vos foyers et vos fois, vos lares et vos chiens ;
Et, quand vous sentirez la fosse à vos chevilles,
Votre patrie aura vos regards dans les siens.

Pour les vêtir de noir, recherchez vos compagnes ;
En deuil irrémissible habillez leur langueur ;
Vos verts manteaux, à vous, sont ceux de vos campagnes,
Qui vous tendent leurs bras, en vous ouvrant leur cœur.

Le retour vous réserve une bonté fatale ;
C'est pour vous inhumer que ses accueils sont beaux ;
Car les embrassements de la glèbe natale
Vous destinent enfin de maternels tombeaux.

Qu'importe ?.. Vous aurez aimé les mains pieuses
Qui vous auront filé vos linceuls de linon ;
Des automnes connus, remplis de scabieuses,
Vous jetteront des fleurs, dont vous saviez le nom.

Craignez l'oubli prochain des régions lointaines ;
Et, sachant que l'exil des morts est infini,
Gardez-vous de courir les chances incertaines
D'une tombe proscrite et d'un cercueil banni.

Courez vers vos cités en tendant un feuillage,
Guerriers de Marathon et guerriers de Morat ;
Et n'ayez que la force en tombant au village
De mourir en criant qu'on se remémorât !

à James MAC NEILL WHISTLER.

GONDOLES

VENISE

Septembre. 1888.

DÉDICACE

I

SIFFLEUR

Mon vers est un verre
De Venise, aussi ;
Je viens de le faire
Et, sur place, ici.

Je l'enfle et le gonfle
En forme de fleur...
Le four du ciel ronfle,
Le vent est souffleur.

J'irise et burine,
J'y trace au fil clair
De l'aventurine
Le nom de Whistler.

II

LAGHI

Cadenabbia, Bellaggio,
C'est l'allegretto, l'adagio...
Des villas, et des fleurs dans des vases,
Et des souvenirs dans des extases...

La musique de chambre avait eu lieu dehors ;
Les instruments épars gisaient sur les pelouses ;
Et des bribes de sons, aux roulades jalouses
Des oiselets surpris, apprenaient des accords.

Le piano béant et béat, fier Sicambre
De palissandre, ouvrait son clavier tout pantois
Où l'araignée heureuse étirait ses huit doigts...
Dehors avait eu lieu la musique de chambre.

Et, sur cette terrasse, on sentait s'assoupir
Des vestiges de bruits en l'ombre saturée ;
Et nous avons goûté, dans toute sa durée,
Tout ce demi-silence et ce quart de soupir.

Jusqu'à ce que le soir qui, lentement, s'élance
Du faîte des monts bleus au chapeau violet,
Eut peu à peu figé, sous son voile de lait,
Tout ce quart de soupir dans son total silence.

    Bellaggio, Cadenabbia,
    Où le Paradis se copia...
    Des réminiscences dans les âmes,
    Des enivrements dans les dictames.

III

VIGILES

Je suis donc à Venise...
Ou plutôt j'y serai !
— Rien ne s'en adonise
Cependant à mon gré.

C'est ainsi : le prestige,
Pour se dévelouter,
N'attend rien, que la tige
Offrant de le goûter.

Je suis donc à Venise...
Ou plutôt j'y serai !
— Rien ne s'en solennise
Nonobstant, à mon gré.

C'est ainsi : le mirage
N'a, pour s'évanouir,
Attendu que le gage
De s'en épanouir.

Je suis donc à Venise...
Ou plutôt j'y serai !
— Rien ne s'en éternise
Néanmoins à mon gré.

C'est ainsi : le mystère
N'a, pour s'évaporer,
Attendu que la terre
Prête à l'élaborer.

Je suis donc à Venise...
Ou plutôt j'y serai !
— Rien ne s'en infinise
Toutefois, à mon gré.

à Madame Émile BERGERAT.

IV

COLUMBATIM

> *Ceu fumus.*
> VIRGILE.

« *Des bouffées de colombes...* »
— C'est Gautier qui l'a dit ;
Sur les toits, sur les tombes,
Le ciel en resplendit.

Volutes et spirales,
Oiseaux d'un blanc rosé ;
Le seuil des cathédrales
En est comme arrosé.

Chapiteaux et balustre,
Ailes d'un rose blanc ;
Un arbre, comme un lustre,
En est tout ruisselant.

Des touffes, des bouffées,
Par flots et par flocons,
En sont comme étouffées,
Sur l'appui des balcons.

COLUMBATIM

Il en tourne, il en fume,
Il en plane et pâlit ;
Le Lido s'en parfume
Comme un immense lit.

Il en fume, il en tourne,
Il en flotte et plana ;
Tout Venise séjourne
Sous ces *miscellana*.

Il en pleut, il en pleure,
Il s'en plaint, il en pleut ;
L'élan vous en effleure,
L'amour vous en émeut.

Il en choit, il en neige,
Il s'en éparpilla ;
Et c'est comme un Corrège
Qui se déshabilla.

C'est du nu qui voltige,
L'air en est indécent !
C'est un lis dont la tige
En fleurs, monte et descend.

Il en descend et monte,
L'air en est allumé ;
Et c'est comme une ponte
D'oiseau tout emplumé.

Il en grêle et ruisselle,
Il en fuit et revient ;
Un pont, sous son aisselle,
En abrite cent vingt.

Il en ruisselle et grêle,
Il en vient, il en fuit ;
C'est comme une aquarelle
Où la gouache luit.

Il en roule et roucoule,
L'atmosphère en raucit,
La colonne en découle,
Le carrare en roussit.

Il s'en groupe, il en grimpe
Dans le rayon vermeil,
Et c'est comme une guimpe
Dont se vêt le soleil.

Il s'en pose, il en vole,
Il en vient, il en va ;
Et l'éther s'en affole,
Et l'azur en rêva.

Il en flotte, il en file,
Il s'en multiplia...
Jusqu'à ce que la ville,
Sous leur plume, plia.

COLUMBATIM

Des touffes de colombe
L'air en est tout entier,
Qu'en bulle qui se bombe,
Et roucoule, et retombe,
Je souffle vers ta tombe,
Théophile Gautier !

*
* *

A mon jour, à mon heure,
Toi qui m'eusses aimé,
De mon rythme j'effleure
Ta tombe où j'ai semé.

Tu te dois de m'entendre,
Et moi, de te parler,
Ma déférence tendre
Sur toi vient déferler.

Je ne suis pas le moindre
Qu'ait inspiré ton nom ;
Mon aurore va poindre
Et, sur ton Parthénon,

Réjouit les guipures
De tes maîtres ciseaux,
Des libations pures
De ce pleur plein d'oiseaux.

Tu me dois de m'entendre
Je te dois de parler...
Que perds-tu pour attendre
Quand sur toi vient perler,

A son jour, à son heure,
Le chant dont j'ai charmé
Ta graphique demeure,
Roi qui m'eusses aimé ?

*
* *

La maison de Gautier, grand prêtre de Venise,
  Noble et charmant Gautier,
Mérite qu'un cartouche, en ce lieu, l'intronise
  Vénitien rentier.

Donc, j'accroche moi-même une plaque votive
  Au *Campo San Mosé,*
Où le grand oiseau bleu qui, dans Théo, s'active,
  S'est, un instant, posé.

Puis, à tous ces palais de vieille pacotille,
    Moi, je préférerai
L'édification de la maison gentille
Dont le seuil, par le grand oiseau bleu fut sacré.

Envoi

Artagnan n'a pas oublié
Ce qui lui vient de votre père
Et son souvenir est lié
A ce trait auguste et prospère :

Gautier y fut, dit-on, conçu ;
O consécration illustre !
Sa vieille gloire en a reçu
Une autre joie, un nouveau lustre.

Gautier, depuis, en a-t-il fait
Son fin *Château de la Misère* ?
Il eut dit vrai, c'est en effet
Son air, pour qui le considère.

Mais si l'on examine mieux
C'est le château de la Richesse ;
Cet aïeul entre tant d'aïeux
C'est une gloire qui ne cesse.

C'est une fortune sans fin,
Entre mainte noble fortune ;
Qu'une plaque en marbre, opportune
Y consacre ce fait divin !

V

VENEZIA

Le lion de Saint-Marc avec sa longue queue,
    Théodore, et son crocodile,
    Prolongent leur idylle
    Sous la coupole bleue.

Les dômes de l'église, avec leur croix de boules,
    Au-dessus de cent minuties,
    Boursoufflent leurs vessies
    Et gonflent leurs ampoules.

Le palais qu'on dirait tressé de marbre lisse
    Et clissé comme une corbeille,
    Sous le jour, se treillisse
De paille, mi-partie, et candide, et vermeille.

VI

MARMORA[*]

Lisses et polis,
　　Comme amollis,
Les marbres usés
　　Sous les baisers.

Lumachelles et bleutines,
Et porphyres, et portor,
Ciphyses et serpentines,
Albâtres roux, granits d'or.

Moulus et moulés,
　　Croulés, coulés,
Roulés, épuisés
　　Sous les baisers.

Bleutines et lumachelles,
Sous l'or fondu des sequins,
Vert antique, brocatelles
Et granits mosaïcains.

[*] Sur un motif de Gautier.

Tordus et mordus,
  Comme fondus,
Écrasés, grisés
  Sous les baisers.

Des portors et des porphyres,
Des jaspes et des onyx ;
Des agathes, des ciphyses,
Des albâtres, des granits.

Polis et lissés
  Comme glissés
Et comme plissés
  Sous les baisers.

VII

TEMPLE

Aux voûtes de Saint-Marc, dans la grande coupole,
    Un Christ est suspendu,
Qui, lui-même, suspend, d'un geste en parabole,
    La lampe au reflet dû.

Afin que la clarté soit plus sensible et douce,
Qui prend, à Jésus même, un peu de sa vigueur
Pour la mener en nous de cette lampe rousse,
Le fil qui la soutient, descend tout droit du cœur.

*
* *

Louis Deux a-t-il vu les paons de mosaïque
    Du pavé de Saint-Marc,
S'il alla promener son grand rêve archaïque,
    Sous ce triomphal arc ?

Certes, il eût aimé ces dalles de lumière
      Et l'effroi précieux,
Dans cette promenade étrange et coutumière,
      De marcher sur des yeux !

VIII

IMAGES

Un Saint-Sébastien, paisible sous la flèche,
Saint-Pierre, et l'éternel reproche du cochet,
Un Jésus déplorable, une Vierge revêche,
Un Saint-François que le stigmate rattachait,

Tout cela me plaît moins que le brin de bourrache
Au bord d'un manuscrit, depuis longtemps en fleur,
Car la délicatesse immortelle m'attache
Et tout le ciel s'azure en ce peu de couleur.

*
* *

Ce géant Tintoret, ce lourd Paul Véronèse
  Ce fatigant Palma,
Cet ennuyeux Bassan, quatuor qui me pèse
  Et que rien ne calma,

Avec tout leur tapage, et ce ton dans leurs poses,
  Et ce vent dans leurs plis
Et les déroulements de leurs apothéoses,
  D'emphases tout remplis,

Ne valent pas, pour moi, la pensive cueillette,
  Et sauf tous ces respects,
Aux mains de Léonard, de cette violette
  Prise en ces cinq aspects.

IX

NOUVEAUX GRIFFONNAGES
EN DIFFÉRENTS SENS

Par respect pour la mémoire
Aimable de Canale,
Le ciel conforme se moire
De rose en bleus en allé.

*
* *

Des figures assez belles
Qui s'abritent sous des châles ;
Des cheveux assez rebelles
Qui retombent sur des hâles.

Et voilà pour la femelle...
— A leurs trousses, bruns et pâles,
Vont se déhanchant les mâles...
Et c'est tout ce pêle-mêle.

※

On débite, en des bassins,
De petites pieuvres roses
Qui semblent prendre des poses,
Et ressemblent à des seins.

O petite pieuvre cuite
Et n'ayant plus rien de fat,
En laquelle s'ébruite
Tout le vent de Gilliatt !

※

Petite fleur de Padoue,
Toi que j'ai trop peu connue,
De tous les dons je te doue
Ingénieuse ingénue.

Gracile fleur padouane
Ton souvenir m'amadoue...
Veux-tu passer la douane
Gentille fleur de Padoue ?

*
* *

Comme de grands mirlitons
Les pieux sont plantés dans l'eau ;
Ils chantent sur tous les tons
Et font bien dans le tableau.

*
* *

Quelques vieux qui répandent
Leur âme au pied de Dieu,
C'est tout ce que nous tendent
Les ombres du Saint Lieu.

Quelques vieux, quelques vieilles,
Près du Saint-Sacrement,
Et le rythme d'abeilles
De leur susurrement.

*
* *

Cinq cents boîtes d'aquarelles,
Mille fois par jour ouvertes,
De cette ville aux ponts frêles
Me semblent jurer les pertes.

Tous ces peintres la détrempent
Dans tous leurs petits panneaux,
Tandis que leurs reflets rampent
Eux-mêmes dans les canaux.

*
* *

Ce sont des Léproseries
Que ces Palais par séries,
Gangrenés de taches vertes
Qui, sans fin, nous sont offertes.

Ils font, de toi, vieille ville,
Un fol opéra-comique,
Plus encore que Séville,
Avec toute ta mimique

De vieux dessus de pendule,
De vieux joujou qui s'effrite,
De vieux bijou qu'on adule
De vieille illusion frite !

* *

Les toiles de Canale,
Les eaux-fortes de Whistler,
En elles s'en est allé
Tout Venise, l'onde et l'air.

De quoi creuser le canal
De cette petite annale,
Et la folle bacchanale
Des doges, est au final.

Adieu donc, ô mes modèles,
Votre charme a détalé ;
Et je vous fuis d'autant d'ailes
Que le plafond d'Ottale.

* *

Et pourtant la plus de rêve,
Et de chimère, cité,
C'est encor toi, ville brève...
— L'Éternelle est à côté.

L'Éternelle mourra, certes,
Car c'est plus qu'à demi fait ;
Toi, tu vivras de tes pertes
Vieux miracle, vieil effet,
Cent fois défait et refait.

*
* *

Venise,
S'anise
D'un reflet blanc bleuté.
Se teinte
D'absinthe
Se meurt de velouté !

*
* *

Venedig, Venice, Venise,
Vieux corps qui se désorganise ;

Venezia, Venezia,
Vieux cœur qui s'anesthésia !

Venice, Venedig, Venise,
Vieux luth qui se désharmonise...

X

DÉFÉRENCE

Tous ces fruits aveuglants qu'a peints Cagliari
Sont ici débordants en pictural désordre,
Très conformes et tels qu'y puissent venir mordre
Ces bouches dont le sang à leur jus s'est nourri.
— Pas le moindre Chardin ; pas l'ombre de mystère !
Pomone ruisselant de l'immense parterre
Dont Véronèse emplit en hâte son tableau.
Pas une courge, pas un grain dont monte l'eau
A la bouche : partout cette grappe roussie
Qui semble, toute vive, éclore en la vessie ;
La nature à son tour l'imite, en un soin fol,
De scrupuleusement ressembler au grand Paul.

XI

VETRI

Le verre est rouge,
Le fer est froid,
La flamme bouge,
L'homme est adroit.

Souffle ta bulle
De savon d'or
Qui, tel un tulle,
S'enfle et se tord.

Gonfle ta boule
De savon bleu
Qui coule, et roule,
Au cœur du feu.

Enfle le globe
De savon clair
Qui se dérobe
A s'envoler.

Parfais la sphère
Qui doit sembler
Sans cesse faire
Pour soi trembler.

Ce menu monde
Que naître on vit,
Une seconde...
Et qui survit.

*
* *

Ces verres que l'on file
Près de l'*île aux Tombeaux*,
Ont des destins plus beaux
Que l'humanité vile.

Tandis que le temps leurre
Notre air trop convaincu,
Créés, eux, pour une heure,
Ils nous ont survécu.

Je pense à cette affaire,
A nos différents baux,
En allant vous voir faire,
Impondérable verre,
Près de l'Ile-aux-Tombeaux.

*
* *

Des buires, des fioles,
Et mille babioles
Où sont des bestioles.

Des miroirs et des coupes
Décorés des cent houppes
De vitreuses étoupes.

Des dauphins et des cygnes
Aux torsions insignes ;
Et les plus folles lignes

Et les plus molles poses ;
Les plus nulles des choses :
Des bulles, et des roses.

XII

BARCAROLLE

Lacunes,
Lagunes,
Flot mi-mort et mi-amer...
Lagunes,
Lacunes
Entre la Terre et la Mer.

La nuit est noire
Sous le *Felze,*
Mais l'eau se moire...
Dolce, dolce.

Lagunes,
Chacunes
De vous nous ont vu ramer...
Lagunes,
Lacunes
Entre le Ciel et la Mer.

BARCAROLLE

La barcarolle
Du barcarol,
En banderolle
Roule au flot mol...

Lagunes,
Chacunes
De vous nous ont fait aimer...
Lagunes,
Lacunes
Entre l'Amour et la Mer.

O mort, ô morte !
Belles et Beaux,
L'eau vous remporte
Jusqu'aux tombeaux.

Lagunes,
Les brunes
Les blondes vont se calmer ..
Lagunes,
Lacunes
Entre la Mort et la Mer.

XIII

GONDOLA

La *gondole* est le *cab* de Venise ;
La gondole, de Londre, est le cab.
L'une, autour du Lido, s'infinise ;
L'autre court après la Reine Mab.

La gondole, aux amoureux, est chère ;
Sombre comme un nocturne de Liszt,
Sur le flot elle glisse, légère.
Le cab, lui, disparaît dans le *mist*.

Mais la gondole est la plus fidèle,
Elle sert, jusques au dernier soir,
A son Maître qui fuit, sur son aile,
Vers la tombe, et sous le *felze* noir.

XIV

Les luttes d'Amsterdam deviennent difficiles,
  Avec Toi, quand tu lui réponds :
Cent cinquante canaux qui font cent dix-sept îles,
  Trois cent soixante et dix-huit ponts.

Quatorze mille arceaux, vingt mille balustrades
  — Qu'ou non, vous le vouliez ;
Encor plus de balcons, de colonnes, d'estrades,
  De loges, d'escaliers.

Et, tout cela, moisi, désert, vert, mort et morne,
  Et sans que s'ébauchât
Ou l'oreille d'un dogue, ou, d'un Doge, la corne.
  Pas un chat — ou, plutôt, un chat !

⁂

Des gamins effrayants — l'un jure et l'autre brame,
Sans qu'on ait eu le temps de crier un *Credi!*
Sur vous, se sont rués, pour offrir un programme,
Et vous baisent les mains en rugissant : « *Soldi!* »

Des Princesses, qui sont parfois Américaines,
Achètent des Palais que Maple leur meubla
Et promènent sur l'eau, pour jouer des rengaines
De vieux harmoniums... qu'ont-ils à faire là ?

Et les Dames bas-bleu que Pagello fascine,
Avec ce que leur rend le canal dépoli
De tout ce vieux roman de la maison voisine,
Cherchent, pour s'y loger, la *Corte Minelli.*

*
* *

J'admire cette mère, et, de plus, je la note,
Qui veut, dans le gosier de ses fils, chaque note,
Et leur parle l'anglais, le français, l'allemand,
Sachant que toute langue, hélas! de même ment.

Pourtant elle leur rend en somme grands services.
Ils auront, à leur choix, de vertus, ou de vices,
Bien des secrets, bien des cadenas, bien des clefs
Plus hermétiquement, à des muets, bouclés.

*
* *

Vendramin-Calergi, palais aux cent dix salles,
Sans doute tu devais tes veilles colossales
Au dernier battement du cœur de l'*Émigré*
Qui, te l'abandonnant, t'en a tout consacré.

Avec tes huit pieux noirs écussonnés de rouge,
Signifiais-tu donc, en Venise la gouge,
Que la mort, dans tes murs, allait nous le gagner,
Vendramin-Calergi, là que mourut *Wagner*?

à Hugues LE ROUX.

XV

MOMENTS VÉNITIENS

Nous demeurions dans le vieux palais Foscolo
Vaste et vide, habité par les deux héritières
Du nom, deux vrais Longhi d'autrefois, très altières
Et lasses de mirer leur célibat dans l'eau.

Le tabis effacé de leurs risibles jupes
Autour d'elles mettait comme un bruit de papier ;
Elles craignaient les assassins, et d'être dupes,
Et sentaient à la fois le doge et le fripier.

Elles tenaient d'immenses clefs dans leurs doigts frêles
Et de petits propos dans leur rêve interdit ;
Cherchait-on à se rappeler ces discours grêles ?..
Vite on s'apercevait qu'elles n'avaient rien dit.

Elles parlaient de leur passé, de leurs toilettes,
De leur ancêtre, le poète, leur Ugo,
Et du temps qu'on les dénommait : les *Foscolettes*...
Nous répondions par notre ancêtre, notre Hugo,

Mille objets curieux peuplaient leur chambre folle,
Et qui s'accumulaient depuis le premier jour ;
Leur pendule imitait un lac, sur lequel vole
En y mirant son aile, un tout petit Amour.

Sur les murs de la galerie aux vastes baies,
Les images des lourds généraux de la Mer
Se suspendaient, et quand les nuits étaient tombées,
On sentait venir d'eux comme un reproche amer

Pour nos habits, pour nos paroles, pour nos âmes,
Pour nos valises, pour nos cœurs, et pour nos tubs,
Et pour tout ce qu'enfin dut inspirer de blâmes
A l'âge des grands Morts, l'âge des petits Bobs.

Et cependant nous animions leurs solitudes
Avec nos voix, nos élégances, nos gaîtés,
Nos pastèques, nos tubéreuses, nos études
Et nos façons, à nous, d'entendre les fiertés.

Notre gondole, à nos *pali* pleins d'armoiries,
Attachée, avec ses rouges grappes d'œillets,
Nous attendait, prête à porter nos Seigneuries,
Par les canaux, vers les églises, les palais.

Gaëtano, le gondolier souple et farouche,
A travers l'incessante extase du tableau,
Nous emmenait, avec une fleur à la bouche,
Contempler Tintoret, Titien et Tiepolo.

Et, lorsque le rubis se mélange à la braise,
L'émeraude au saphir, et l'opale au mica,
Parmi l'air qui s'enflamme, et sur l'eau qui s'apaise,
Longuement nous allions manger du raisin-fraise
Et des grenades, aux jardins de Zuecca.

à Lady Archibald CAMPBELL.

BRUMES

LONDRES

Nigra sum sed formosa.

1888. 1894.

DÉDICACES

I

NIKÈ

Ce beau nom de Nikè porté par votre fille
Est, de son noble front, le juste complément ;
Car toute la *victoire* en son visage brille :
Elle vient, elle vainc tout naturellement.

La Victoire en Paros, dite de Samothrace,
      Qu'en notre Louvre on voit,
Qui, de sa face auguste, avait perdu la trace,
D'être complète, enfin, exulte, et vous le doit ;

Et, fière, ajouterait, à cette jeune tête,
Son blanc marbre divin que la terre a couvé,
Car le chef dont en vain le Musée est en quête,.
      Vous l'avez retrouvé.

II

NIALL

Niall est, de tous points, le portrait de sa mère.
Quand votre fille, Grecque, a pris l'autre chemin,
Madame, vous rêvez la charmante chimère
De vous revoir, en lui, vous prendre par la main ;

Vous tirer au retrait de vos jeunes années,
Et d'y recommencer, en homme, votre sort ;
D'y revivre deux fois les minutes sonnées,
Dans l'incarnation d'un fils aimable et fort.

Même teint où ne peut mordre le brun du hâle ;
Même agrément des yeux et sourire pareil ;
Même ligne du galbe où rien n'est assez mâle
Encore pour voiler l'afflux du sang vermeil.

Et, pour vous qui, souvent, sur le versant du Pinde,
Jouâtes Orlando, sous l'habit emprunté,
Il vous semble brûler encor pour Roselinde
Sous notre vêtement que vous avez porté.

III

Je voudrais bien écrire une chose sur Londre...
  Hélas ! comment m'y prendre ;
    Comment rendre,
    Comment fondre ?

Dans des brumes lilas, des bouts d'échafaudages
  Dont émergent les cimes ;
    Des régimes
    De cordages.

De légers cabs filant comme une flèche à roues,
  Gondoles acrobates,
    Nefs à pattes,
    Chaise à proues.

Le pimpant vermillon qu'un uniforme bouge
  Que nous peignit Detaille :
    Fine taille,
    Corset rouge.

Ceux qui sont sans brouillard, des derniers jours d'octobre,
　　Leur air plein de caresse,
　　　　Tout tendresse,
　　　　Nul opprobre.

Un coucher de soleil dessus la Serpentine,
　　Emmitouflé d'ouate
　　　　Mate et moite,
　　　　Argentine.

Des vols de paons, perchés dans les arbres d'automne
　　De Kensington-Allée,
　　　　Dont s'étonne
　　　　La feuillée.

De blancs béliers noircis de brumes, de fumées,
　　Et des brebis obscures ;
　　　　Des figures
　　　　Enrhumées.

Réverbère hésitant qu'on allume avant l'heure
　　Dans l'atmosphère grise ;
　　　　Nuit qui frise,
　　　　Jour qui pleure.

*
* *

Les manches à gigot des filles de boutique
    Que Liberty déguise
        A sa guise
        Esthétique.

Tout un porte-manteau mêlé de la reine Anne
    De la Grèce et du reste :
        La Peau d'Ane
        Et le ceste.

Le décrochez-moi-ça de l'étrange genèse
    De ce retour antique,
        Japonaise
        Et gothique,

Dans un décor élu de ronce et de broussaille
    Par Crane et Jones-Burne
        Où tressaille
        Du Swinburne.

IV

Des qualités de jours qui sont faits de pénombres,
Où la fumée, en blanc,
Se détache à midi, sur des fonds de ciel sombres ;
Des jours qui font semblant.

Toute une opacité brumeuse et coutumière
Qui rend accoutumé
De voir, chaque matin, renaître la lumière
Dans du cristal fumé.

*
* *

Des qualités d'atmosphère
Que l'on ne trouve qu'ici
Et que, parfois, je préfère
A notre soleil durci.

Et tout le comptoir du tulle
Dont le grand chef de rayon,
Apollo, récapitule
Le fuligineux rayon.

Et malgré soi, l'on écoute
Dans le *fog*, monter d'en bas
La musique, dont on doute,
D'instruments qu'on ne voit pas.

V

Un coucher de soleil dessus la *Serpentine
River*
Me fait, depuis hier, de sa flamme intestine
Rêver.

Un coucher de soleil coulé dans une opale,
Et dû
A l'or, qu'on y croirait, par un Sardanapale,
Fondu.

Des cimes d'arbres gris comme émergeant des neiges,
Lointains...
Au devant, mille écrins déroulant leurs arpèges
Éteints.

Des roses et des verts entortillés de tulle,
Des bleus,
Des jaunes, des lilas, où de l'argent circule,
Frileux.

Pas une arête, pas une pierre taillée,
    Pas un
Point vraiment lumineux : la nature émaillée
    D'alun.

Des émeraudes, qui seraient de chrysoprase ;
    Rubis
Nuageux, et saphirs nuancés d'une gaze
    Lapis.

Un clapotement d'eau vermeille, ensemble, et trouble,
    D'un vert
Où le mirage des cygnes bleus, qui se double,
    Se perd.

VI

RÉCLAME

Devant le magasin d'étoffes, qui rayonne,
Les Aveugles ont pris rendez-vous ; ils sont là,
Frappant de leurs bâtons le trottoir qui résonne ;
Eux, dont la vue, hélas ! pour jamais, se voila,

Ils battent la chamade au profit de ces gazes
Qui sont comme du Ciel et de l'Avril tissés,
Qui flambent sous nos yeux par métrages d'extases
Au long desquels tant de regards se sont posés.

Et c'est triste de voir, pour les fleurs purpurines,
Sur ces lilas, sur ces verts saule et ces azurs
Qui sillonnent de leurs flammèches, ces vitrines,
S'évertuer le noir rappel de ces obscurs.

VII

Dans *Old bond Street*, dès l'entrée,
    On est saisi
Par une odeur concentrée
    D'onguent choisi,

Qui sort des bouches des caves
    Des parfumeurs
Où l'on verse à flots suaves
    Le sang des fleurs.

C'est Lubin, et c'est Piesse
    Et c'est Truefitt ;
C'est Atkinson en liesse,
    Dont l'art ravit

L'odorat, et perpétue
    Le mois de Mai...
Et l'on sort de cette rue
    Tout parfumé.

VIII

DAME DE CŒUR

Oh ! le profil de la Duchesse de Leinster !
Avec ce menton noble et cette belle lèvre.
Un matin, elle prit on ne sait quelle fièvre
Et sa magnificence a cessé d'exister.

C'est triste ! Elle emplissait Londres de son extase ;
Son image brillait partout, à chaque pas,
C'était comme la fleur d'un fuligineux vase
Qui montrait un chemin.., mais celui du trépas !

Splendeur mystérieuse et professionnelle
La résurrection de la chair est pour toi,
Facile, tu ne peux pas cesser d'être belle,
C'est ta délicieuse et rigoureuse loi !

IX

DÉTAILS

Mettre, dans un décor, des feuilles véritables,
C'est faire vivre l'action ; et, quand il faut
Que ces feuilles soient des feuilles mortes, érables,
Chênes, ormes, cormiers, vous prêtez un rehaut

D'or, de pourpre, de flamme et de mélancolie
A ce que dit Shakspeare, et que l'on entend mieux,
Lorsque, de la Nature exultante ou pâlie
Ce pleur d'or ou d'argent se détache à nos yeux.

Et, parmi la forêt d'un rouge d'œillet d'Inde,
Lorsque le dénouement se déroule, si doux,
J'aime entendre ce mot charmant de Rosalinde :
« Vous, je me donne à vous, puisque je suis à vous. »

Un objet m'a paru frère de ce feuillage
Qui vit et meurt, dans le décor d'*As you like it ;*
C'est un mystérieux et charmant coquillage
Que l'on avait placé près d'un feu, qu'il redit.

Quand la flamme s'avive, on le lit dans la nacre ;
Quand la braise s'éteint, le burgau me l'apprend ;
Et toute l'apparence et tout le simulacre
Du foyer, la coquille, exquise, nous le rend.

Elle est, tour à tour, rose ou verte, ou violâtre ;
Ou bien n'a plus que des tons bruns, ou des tons gris ;
Et le dernier soupir agonisant de l'âtre
Elle l'absorbe, et le reçoit, dans son iris.

X

CUP OF TEA

Dans l'engourdissement de la chaleur du coke,
La Vie Anglaise n'a plus d'angle qui nous choque ;
Nous entendons un William Blake, un Rossetti ;
Un Burne-Jones dont le nom s'est décati,
Un Watts, un Whistler même, — et la bouilloire fume ;
Et *misses*, et messieurs, qu'intoxique et parfume
Le thé, qui privera, de se fermer, leurs yeux,
S'administrent en rond le poison merveilleux.

*
* *

Dharma, l'ermite saint, dont les jambes pourrirent,
Sans qu'il s'en aperçut, lorsqu'il fut demeuré
Quatorze ans immobile — une nuit que le prirent
D'invincibles torpeurs, dormit contre son gré.
Alors pour se punir, il coupa ses paupières
Et, loin de lui, les rejeta, parmi les pierres.
Elles prirent racine, et l'arbuste vermeil
Naquit d'elles, le Thé, qui chasse le sommeil.

XI

OUTRE-MANCHE

Quelquefois me revient le souvenir intense
De Londres, de sa force et sa vitalité,
Près de laquelle tout me paraît alité ;
Fourmilière inouïe et folle sans jactance.

Toutes les choses auxquelles nous avons cru :
Burne-Jones, tableaux de Préraphaélite ;
Whistler, mystérieuse impression d'élite ;
Liberty, foulard bleu, vert, lilas, rose, écru.

William Morris et ses tissus d'ornemaniste ;
Hændel, son festival, et ses accents royaux ;
Et ses voix, comme de grands orgues à tuyaux,
Que tourmenterait l'art d'un géant organiste.

*
* *

Ce fut la Renaissance étrange du falot,
Comme un Quattrocento du fol et du bizarre,
Que cet âge du modern-style où tout s'égare
L'esthétique, la morale et le bibelot.

Oscar Wilde, illustré par Beardsley, fait des siennes ;
Burne-Jones, Morris, pillent Botticelli ;
Toutes les nouveautés ont des grâces anciennes
Et l'on sait rendre laid tout ce qui fut joli.

Les lis triomphent, l'œil du paon les accompagne.
Aimez-vous la grenade ? On en a mis partout.
Le mobilier se met à battre la campagne
Dans ce qu'il peint, dans ce qu'il sculpte ou ce qu'il coud.

On ressuscite Elizabeth, et Chippendale ;
Tout ce qui pousse est, par avance, perverti,
La révolution s'accentue en scandale
Pour avoir trop crié : vive le Liberty !

*
* *

Un homme se trouva, dans ces bizarreries,
Pour sauver le bon goût, l'art et la vérité ;
Aux choses qu'il créait ou qu'il aura chéries
S'attachent, pour toujours, la grâce et la beauté.

Whistler, magicien des nocturnes, génie,
Portraitiste, paysagiste sans pareil,
Maître du clair-obscur et dieu de l'harmonie,
Qui, dans ses toiles, fait sommeiller le Soleil !

XII

NOX ET LUX

Des portraits brillants, et pourtant sombres,
Comme une lumière au fond des nuits ;
Des rayonnements, tout remplis d'ombres,
Comme des gaîtés, faites d'ennuis.

Des pays brillants, et pourtant mornes ;
Libres à la fois, et précieux ;
Et des infinis, ayant des bornes
Où sont des lueurs, ayant des yeux.

Toute la clarté — tout le mystère
Près de tout l'obscur — de tout le clair :
C'est la loi du Ciel et de la Terre
Des créations du dieu-Whistler.

XIII

KING*

Le Roi Cophetua, qui possède un royaume,
N'aime que cette enfant, qu'il a prise en un chaume,
Puis, qu'il a mise là, sur ce trône doré ;
Et devant elle, lui, digne d'être adoré.

Car il est noble et beau parmi les autres hommes ;
Car il n'est ménager des joyaux ni des sommes ;
Et, dans son geste, il a ce charme possesseur
De la force à genoux qui n'est plus que douceur.

Il revêt en sa forme, et dans son attitude,
Cette abdication de soi dans une étude
De plaire uniquement à l'être bien-aimé
Qui, sans l'avoir voulu, pour toujours a charmé.

Le métal miroitant de sa cuirasse claire
Semble damasquiné de rinceaux, pour te plaire,
Et n'avoir plus souci de se rassasier
D'autres flèches, enfant, que de tes yeux d'acier.

* Une peinture de Burne-Jones.

Et tu remplis déjà la future mémoire
Des bardes accoudés au bord de ton histoire
Qui vont s'émerveillant de la docilité
De ce fauve vaincu par ta fragilité.

De ce noble lion pris dans les mailles frêles
De la délicatesse exquise de tes ailes,
Fauvette des roseaux, mésange des forêts
Qui captives celui qui te tient dans ses rets.

Certe il t'a tout livré ce qu'il a de plus vaste :
La clef du palais fort, et celle du cœur chaste,
Où tu verras, dans l'un, prosternés, des sujets ;
Et dans l'autre, des vœux, des rêves, des projets.

Mais les hommes courbés n'auront pas tant de grâce,
Tant de soumission à tomber sur ta trace
Qu'un flatteur abandon de toute volonté
Dans l'orgueil expirant de ton maître dompté.

Lui qui te place là, toi dont le front s'étonne,
Comme en sa niche d'or, une étrange madone ;
Avec, à tes blancs pieds, comme un multiple encens,
L'arome de l'amour, sur la flamme des sens.

Lui qui, pour maigres, tient, regarde comme viles,
Ses champs les plus féconds, ses plus superbes villes,
Près du trésor qu'il veut, ô pauvresse, de toi,
La descente, sur lui, de ton regard, ce roi !

Assis à tes genoux, il t'offre un diadème
Où vibre le reflet de tout ce que l'on aime,
Dans ses joyaux charmants, superbes et parleurs
Épanouis en fruits, en feuillages, en fleurs.

Les saphirs sont les mers qui baignent son empire,
Les perles sont les pleurs d'espoir dont il expire ;
Les émeraudes sont les bois pleins de langueur
Et l'ardeur des rubis est le sang de son cœur.

Mais le feu suppliant qui monte, de ces pierres,
Vers les troublants joyaux sertis par tes paupières,
Pas plus que le muet aveu du donateur
N'atteint tes yeux lointains perdus dans la hauteur.

Car le lien profond, subtil et magnétique
Des contemplations de son âme extatique
Ne se doit point nouer, dans un commun émoi,
A ton regard distrait qui fuit droit devant soi.

A ton regard serein et farouche de vierge
Dont, sous le haillon brun, luit la blancheur de cierge,
Ton humble et fier regard dont le sauvage honneur
Ne s'abaissera point sur l'esclave-seigneur.

Ton regard qui, dans sa froideur d'aigue-marine,
Garde l'éclosion entière et purpurine
Des levers d'astre, au soir, épiés dans le ciel
Dont l'azur échangé t'est seul essentiel.

Oui, tout ce qui n'est pas ton rêve, t'épouvante :
Les grands bois où la nuit, dans les branches, s'évente ;
Les grands lacs où la lune a laissé ses pâleurs
Remonter en tes yeux comme en deux tristes fleurs.

Tu serres dans ta main le bouquet d'anémone
Dont la campagne, encore hier, t'a fait l'aumône
Et qui t'a, pour jamais, fiancée aux prés verts
Au-dessous des cieux bleus tendant leurs bras ouverts.

Tu palpites ici comme dans une cage,
D'où ton regard absent, d'avance, te dégage
Avec la vision d'un rustique chemin,
Oiseau que fait trembler la prison d'une main.

Tu t'en iras chanter vers quelque obscure allée
Sitôt que l'on t'aura donné ton envolée,
Sans te préoccuper du pauvre tout-puissant
Que tes yeux ont blessé pour jamais en passant.

Tu t'en iras lisser les plumes de tes ailes
Sur le bord des étangs où sont les demoiselles,
Sans plus t'inquiéter des battements du cœur
Que ton frisson perdu communique au vainqueur.

Tu t'en iras rentrer dans l'extase des choses,
Des êtres et des voix, des parfums et des roses,
Sans plus avoir souci de ce dieu délaissé
Que ton aile en fuyant, pour jamais, a blessé.

XIV

GÉSINE*

Non point la Vierge-Mère, ordinaire Marie
Dont la formule assez inexacte, varie ;
Fruit du moule arrondi qu'inventa Raphaël
Oubliant d'y couler la ligne d'Israël.

Mais une fille longue, étroite et diaphane,
Pâle comme un grand lis qui, d'avance, se fane
Aux pensers accablants de cette mission
Qui la fait, de Jésus, la vivante Sion.

Car c'est une grossesse effroyable et sévère
Que celle qui vous met, dans les flancs, le Calvaire
De Celui qui doit dire, en retour, sans émoi :
« Est-il rien de commun, Femme, entre vous et moi ? »

* Une peinture du même.

XV

HYDRE*

L'Espérance obstinée, et l'oreille à sa lyre
Tourmente pour jamais son éternelle corde ;
Et brisée, et reprise, et dont le cher délire
A son inquiétude immortelle s'accorde.

Elle a les yeux bandés ainsi que la Fortune,
Et sa lyre, à la corde unique, est une roue
En qui l'illusion nécessaire s'enroue,
Et sur qui, du regret, le désir s'importune.

Les yeux bandés, ainsi que l'Amour, elle pleure :
Et sa roue, au rayon unique, est une lyre
Dont, indéfiniment, l'impérissable leurre
Et repris, et brisé, toujours prêt à faillir**...
Expire en soupirant l'Espérance obstinée !

* Une peinture de Watts.
** Essai de rendre le sujet même par le choix et la qualité de cette rime.

XVI

GUERNESEY

C'est ici que vécut le Poète solaire ;
C'est ici qu'il songea quand il vint, exilé.
Aujourd'hui sa grande Ombre autour de nous, seule, erre,
Et l'œil de l'Océan sur lui s'est dessillé.

Quelque peu de sa voix soupire dans la vague ;
Quelque peu de sa force érige ces rochers
Où, des nuages blancs, les lambeaux accrochés
Semblent, de ses cheveux, l'éparpillement vague.

Car c'est là que pleura, là que fut désolé,
C'est ici que vécut l'Homme crépusculaire...
Aujourd'hui sa grande Ame autour de nous, seule, erre,
Car l'œil de l'Horizon sur lui s'est étoilé.

Ton souvenir me hante à l'appel de la grève,
Toi qui chantas, comme elle, et pleuras sans répit ;
Et je suis, en tremblant, ton service d'obit
A la messe du bruit qu'émeut l'orgue des rêves.

Car c'est là que sourit, là que fut consolé
C'est ici que vécut le Maître oraculaire...
Aujourd'hui sa grande Œuvre autour de nous, seule, erre,
Car l'œil de l'Infini, pour lui, s'est dévoilé.

XVII

BETHSABÉE

MIRACLE[*]

DAVID

Mes chevaliers, vous tous, rangés en cette ligne,
Je vous ai rassemblés en conseil aujourd'hui,
A cause de l'objet qu'entre nous, comme un signe,
Dieu fit tomber du ciel, et qui, dans l'ombre, a lui.
— L'autre jour, je mangeais de mes royales viandes,
Un oiseau m'apparut, plus rouge que le vin ;
Son bec était sanglant, son corps rayé de bandes,
Sa tête s'entourait d'un cercle d'argent fin.
Il resta suspendu, les ailes incertaines,
Puis doucement baissa la tête et se nourrit
Dans l'or et dans l'argent de mes belles patènes ;
Dont je m'émerveillais, quand soudain il se prit
A descendre, et monter, en allures soudaines,
Et disparut, avant qu'on ait pu compter huit.

PREMIER SOLDAT

O Maître, permettez que je vienne à votre aide.
Dieu, qui connaît le blé de l'herbe du chemin,

[*] Interprété d'après une Ballade de Swinburne.

Et veut qu'au jour d'hier un lendemain succède,
Le Seigneur, Monseigneur, nous tient tous en sa main.

DEUXIÈME SOLDAT

Par Satan ! j'entends mal une si sotte chose.
Car si le vin s'égaie en la panse d'un roi,
Et lui chante à l'oreille, et lui fait tout voir rose,
Il récidivera, mort ou vif, sans effroi.

BETHSABÉE

Paix, Messeigneurs ! Assez siffler comme la grive
Qui guette sa pâture, ou comme un sansonnet.
Ainsi qu'un poisson mort, vous bâillez à l'eau vive.
Le fin mot de ceci, le démon le connaît !

DEUXIÈME SOLDAT

Messeigneurs, oublions cet oiseau, je vous prie ;
Car il semble à présent que notre jeu va mal.

TROISIÈME SOLDAT

Sires, voici le mot : le chevalier Urie
Est mort ; son sang rougit l'oiselet infernal
Qui, vers nous, a volé, hors du lit de la Reine,
Et qui vous fait si peur !

DAVID

                Oui vraiment, c'est bien dit !
— Mais à qui parle ainsi de notre Souveraine,
J'apprends à respecter et ma Dame, et son lit !
(Il le frappe.)

BETHSABÉE

Les hommes maudiront, hélas ! notre mémoire.
Ils diront que, pour vous, un gibet eût suffi,
Et, des pierres, pour moi : le corps faux, l'âme noire !
« Fi, qu'il vaudrait bien mieux qu'elle fût morte ! Fi ! »

DAVID

Vous n'avez rien de tel à redouter, mon Ame !
Mon premier bon baiser fut le dernier des siens.
Maintenant vous voici ma Compagne, et la Dame
D'un palais regorgeant de cent sortes de biens.

PREMIER SOLDAT

Vous pouvez vous vanter d'en avoir une chance,
Belle comme on vous voit, sous vos cheveux bouclés.
Reine, nous vous jurons entière obéissance,
Par l'âme de Petrus, le vieux porteur de clefs !

DEUXIÈME SOLDAT

La corde pour le pendre aura l'homme sans joie
Au lever de vos yeux, sous l'or de vos bijoux.
O le pauvre d'esprit ! Je le tiens pour une oie.
Ce n'est qu'un propre à rien, bon pour planter des choux.

NATHAN

O Prince, un mot pour toi : l'enfant de Bethsabée
Se flétrira sans voir la lumière du jour.
Du châtiment divin la sentence est tombée
Pour le péché commis de l'impudique amour.

Parce que, dans ceci, vous fûtes sans droiture,
En frustrant Urias de son seul bel agneau.
Il n'en possédait qu'un. Vous aviez la mouture,
Les femmes, le pouvoir, la couronne et l'anneau.

Cet Urias n'avait qu'une mauvaise grange
Et du blé pour nourrir à peine une souris ;
Sa femme était son bien, il l'aimait sans mélange,
Il humait ses cheveux, il buvait son souris.

Sa joie était de voir rouler sur l'encolure
Ces boucles jusqu'aux pieds, que voici d'or couverts ;
D'enlacer cette gorge et cette chevelure
Et d'y goûter l'oubli des maux longtemps soufferts.

Celle-ci n'usait point, alors, de l'écarlate,
Mais sa bouche était rouge et propice au baiser,
Et ses yeux, où parfois une autre ardeur éclate,
Gardaient assez d'amour pour qu'il y pût puiser.

Demeurez maintenant pour voir d'étranges choses...
— Voici venir des fronts beaux comme Bethsabé
Naguère et couronnés de délicates roses...
Et dont tout l'ornement en poussière est tombé.

HÉRODIAS

Je suis Hérodias. — Ce bandeau de ma tempe
Était le bandeau d'or qu'Hérode élut pour moi.
Ce sceptre desséché, dont se brise la hampe,
Fut celui d'une reine égale au plus grand roi.

Son royaume joignait la Perse à Samarie...
Sur mon blé verdoyant, court le désastre amer.
Pour une seule danse au rythme qui varie,
L'incendie a couru, de la mer à la mer !

AHOLIBAH

Je suis Aholibah. — Les baisers de mes lèvres
Étouffaient le sourire, émoussaient le soupir.
Ceux qui les aspiraient gagnaient d'étranges fièvres.
Dieu fit ma couche où le souci vient s'assoupir.
Intérieur de pourpre, extérieur d'ivoire.
La chaleur de ma bouche était celle du feu.
Les rois luxurieux accouraient pour l'y boire,
Avec leurs cavaliers vêtus d'or et de bleu.

CLÉOPATRA

Je suis Cléopatra, Reine d'Éthiopie.
L'amour fit se lever mes beaux regards baissés,
Afin qu'en les voyant l'homme adorât la vie.
Mes cheveux étaient d'or et de perles tressés.
Mes lèvres se collaient à la bouche du Monde
Pour énerver sa force et vaincre son parler.
Et le dernier soupir de ma poitrine blonde
Fit hésiter la Mort, et presque reculer !

ABIGAÏL

Je suis Abigaïl, Reine de Tyr. Mes tresses,
Qui se comptaient par douze, ont enchaîné l'amour.
Elles sont en poussière après bien des caresses...
Ma stature montait comme une blanche tour.

Mon col était pareil au mur des places fortes
Que bâtit le granit impérissable et dur...
Tel le bruit de la pluie au long des feuilles mortes,
Mon renom est honni, mon souvenir impur.

AZURAH

Moi je suis Azurah, Reine des Amorites.
Mon visage était beau comme un lieu lumineux
Où des groupes joyeux vont pratiquer leurs rites.
La gloire de mon front resplendissait en eux.
On eût dit la maison de Dieu, dont les murailles
Célèbrent le Très-Haut en un brillant décor.
Mon front semblait, près des cheveux, entre leurs mailles
Un parvis de cristal plein de chandeliers d'or.

AHINOAM

Je suis la Reine Ahinoam. — Comme la gorge
Des agneaux immolés ma gorge se veinait.
Comme sur des raisins d'or qu'empourpre la forge
Du soleil, le baiser sur mes lèvres venait.
Rien n'égalait le soin de ma coiffure rousse
Retombant sur mon col ainsi qu'un lourd manteau.
Ma chair y reluisait comme la peau plus douce
D'une grenade ouverte où saigne le couteau.

AHOLAH

Aholah, j'ai régné sur les Amalécites.
Ni tache, ni toucher ne souillaient mes couleurs.
Mes paroles étaient douces comme des sites ;
La pointe de mes seins comme une vigne en fleurs.

Mon vêtement fleurait comme une pulpe en gaze
Exhalant des parfums aux enchantements sûrs.
Tels une fleur de baume épicé qu'on écrase
Et des odeurs d'épis de blés à peine mûrs.

ATARAH

Moi je suis Atarah, Reine Sidonienne.
Mon front faisait pâlir les fronts des plus vaillants.
La volonté du Monde était, d'abord, la mienne ;
Le nard s'accumulait dans mes navires lents ;
Le miel, près du froment et des myrrhes fragrantes ;
Les tissus colorés, les linges aux blancs plis,
Aromates épars et gousses odorantes ;
Du cèdre et du santal, des palmes et des lis.

SÉMIRAMIS

Je suis Sémiramis. — La mer en chrysoprase,
Le monde tout entier, la douleur des humains,
Le prêtre, en qui le chant des prières se phrase,
Et le pauvre qui tient sa tête dans ses mains ;
L'amour, qui fait brûler notre sang dans nos veines,
L'amour, qui fait pâlir notre chair en émoi,
Toutes ces choses, à mes pieds, semblèrent vaines,
Et la plus délectable, indigne encor de moi !

HÉSIONE

Les saisons habitaient en moi, Reine Hésione ;
Elles faisaient mon front plus beau que pas un front.
J'avais l'été dans mes cheveux, j'avais l'automne,
Dans l'or de mes habits, que nul autan ne rompt.

Or pâle, étui vivant où mes sens se drapèrent.
Mon corps semblait un feu qui brillait au travers.
Et la beauté de Dieu, par qui les cieux prospèrent,
N'était que ma servante aux bras toujours ouverts.

CHRYSOTHÉMIS

Je suis Chrysothémis, Reine de Samothrace.
Dieu créa mon visage en faisant les rosiers.
Du rouge de la fleur mon front garda la trace.
O mes vaisseaux aigus, aux flots vous vous posiez,
Tels que de grands oiseaux, du Pont, en Chersonèse.
Mes cheveux coulaient doux comme un parfum, aux bords
De mes lèvres d'amour, dont le souffle de braise
S'en allait embraser jusqu'aux lèvres des morts.

THOMYRIS

Moi je suis Thomyris, la Reine de Scythie.
Rien n'égalait ma force et mon pouvoir divin.
Ma joue était pareille au jour qui s'irradie,
Et, mon rire, au printemps qui n'aurait point de fin.
Ma renommée allait aux confins de la terre,
Qui voit en même temps, la Lune et le Soleil,
Où le vent est sans souffle ; où l'âme solitaire
Regarde le trépas comme un matin vermeil.

HARHAS

Moi, Reine d'Anakim, je suis Harhas ; dans l'ombre
Du temps passé, dont la parole n'est plus rien,
Dont l'habit est poussière et déchéance sombre,
Ma jeunesse brillait, rayon aérien,

Rayon pareil à des cheveux parmi les brises...
Maintenant en soupirs Dieu change mes baisers ;
Il émiette mes yeux sous mes paupières grises
Et scelle de ses sceaux mes souffles apaisés.

MYRRHA

Et moi, je suis Myrrha, la Reine d'Arabie.
De mes cils parfumés mes pleurs prenaient l'odeur.
D'une autre soif sans fin, ma soif était suivie
Afin que mes baisers versassent plus d'ardeur.
Mon cerveau résonnait comme l'airain des cloches,
Comme un cœur sanglotant, comme un feu de bûcher.
Le vice rayonnait à mes seules approches
Et mon sein se gonflait d'orgueil et de péché.

PASIPHAË

Je suis Pasiphaë. — Toute la Mer limpide
Ne pourrait rafraîchir les ardeurs de mon sang ;
Pas une herbe qui croît, pas une feuille humide,
Pas une eau de rosée ou de ruisseau glissant
Entre les nénuphars dont l'onde se constelle.
Dans un honteux désir je dévorai le fruit
Dont la douce saveur a sa langueur mortelle,
Et que la seule Mort ensemence sans bruit.

SAPPHO

Et, moi, je suis Sappho, Reine des Lesbiennes.
Mon amour, différent de celui des époux,
Fut la plus rare fleur, de toutes les fleurs siennes.
Un désir infini, plus brûlant qu'à vous tous,

Me pâlissait ainsi qu'une flamme fanée,
Quand le feu du bûcher n'est plus que tison gris ;
Mon sang était le vin de l'amour condamnée,
Et, ma chanson, le chant d'un amour plein de cris.

MESSALINA

Je suis Messalina, la Reine d'Italie.
Dieu mit sur moi ce signe : une horrible beauté ;
Une chair, aux baisers des mâles assouplie,
Sous un visage, à coup de caresses, sculpté ;
Des tempes où le sang, sur la sueur, retombe,
Une bouche assouplie aux obscènes amours,
Et que, seule, égalait la bouche de la tombe
Qui ne parle jamais, pour dévorer toujours.

AMESTRIS

Moi je suis Amestris, une Reine de Perse.
Mes seins étaient pareils à des cygnes jumeaux.
Sur mon corps on eût dit de l'ambre que l'on verse ;
Mais ma bouche et ma vie ont bu d'étranges maux.
Mes pieds étaient chaussés de la peau des vipères.
Susiane, Ecbatane ont vu de mes rigueurs
De larmes et de sang faire mes jours prospères,
Et des crimes anciens rafraîchir les couleurs.

EPHRATH

Reine de Rephraïm, je suis Ephrath ; reprise
Par Dieu, qui nous dépouille après qu'il nous combla,
Ma renommée était sur le Monde, que grise
Encor le son lointain de ma voix, qui trembla,

Semblable au bruit des eaux que le vent gonfle et chasse...
Ma chevelure était comme l'iris d'avril ;
Et mes seins, que l'anneau de mes deux bras enchâsse
Comme une calcédoine à côté d'un béryl.

PASITHÉA

Je suis Pasithéa, Reine des Cypriotes.
Mes superbes rameurs au col volumineux
De mes chansons d'amour accompagnaient les notes.
Leurs sœurs aux cheveux d'or, aux ceintures sans nœuds,
Me célébraient aussi tout en cardant la laine.
Les regards étaient doux, harmonieux, le son.
Vénus me redisait ces laudes, à nuit pleine,
Jusqu'à ce que le chant manquât à la chanson.

ALACIEL

Je suis Alaciel. — Ma bouche était pareille
A la cellule d'or rutilant, d'où le miel
Délicieux s'égoutte. Un Océan sommeille
Dans mes yeux, et, l'amour, au corps d'Alaciel,
Le sang le charriait de la cime à la base.
Des colombes, ma gorge égalait la blancheur.
Mes paupières étaient des scellements d'extase
Et mes lèvres ouvraient la porte de mon cœur.

ERIGONE

Je suis la Reine Erigone. L'ardeur rosée
Du vin qui saigne, et dont je baignais mon beau corps,
Me fit un front brillant de nouvelle épousée.
De mes lèvres sortaient d'harmonieux accords.

Mes bras avaient, des Mers, la puissance et les charmes,
Pour étreindre la Terre et le Ciel à la fois.
Mes yeux pleuraient aussi leur vin, le vin des larmes !
Et le bruit du tonnerre éclatait dans ma voix.

(Elles sortent.)

CHŒUR *

Les roses
Se sont toutes fanées...
Les choses
Se sont toutes finies...
Et, des belles années,
Les figures jaunies
Ont miré lentement leurs formes étonnées,
Leurs poses,
Leurs rêves envolés et leurs grâces ternies.

Les granges
Se sont toutes vidées...
Les canges
Se sont toutes fendues...
Et de peines ardues
Les jeunesses ridées,
Sous le souffle impieux des voluptés étranges,
Perdues,
Ne sont plus qu'un soupir sur des lèvres fardées.

---

* Rien de cette partie (jusqu'à *Par ta grande pitié...*) n'existe dans l'original.

Les lyres
Se sont toutes brisées...
Les rires
Se sont changés en plaintes...
Et les colères saintes,
Dans les âmes, versées
Par des concerts brûlants de harpes en délires,
Éteintes,
Ne sont plus que, dans l'air, des notes dispersées.

Les phrases
Se sont toutes parlées...
Extases,
De tristesses rompues,
Les ivresses repues
D'amertume mêlées...
Et, sur le bord brisé des coupes et des vases,
Sont bues
Les larmes que les yeux obscurcis ont perlées.

Les larmes
Se sont toutes versées...
Les charmes
Ont perdu leurs prestiges...
Et les fleurs, sur leurs tiges,
De zéphyres bercées,
Des autans de l'hiver aigres comme des armes,
Percées,
Ont vu fuir leurs parfums et sécher leurs vestiges.

BETHSABÉE

Puisque tant de beautés, de fières souveraines
Ont vu sécher leur grâce et finir leur printemps,
Puisque ces déités, ces prêtresses, ces reines
Ont vu, sur leurs attraits, s'exercer les autans.

Puisque l'herbe devient le foin sec et sans forme,
Puisque l'eau devient neige et gerce le rocher,
Puisqu'il faut que tout ce qui luit s'éteigne et dorme
Et que le jour enfui ne se laisse approcher ;

Puisque vos plumes d'or, roucoulantes colombes,
Deviennent, sous la nuit, des plumes de corbeau ;
Puisque les roses rutilantes, sur des tombes,
S'effeuillent, qu'un berceau grandi devient tombeau,

Puisque rien ne mûrit que pour la meurtrissure,
Que, dans l'astre qui naît, prélude son déclin ;
Qu'un fruit qui se veloute est près de la morsure,
Et que tout ce qu'on aime, à périr est enclin ;

Puisque la vie est mort, la jeunesse, imposture,
Que le lac des yeux pers, comme une eau, peut tarir ;
Que les gouttes de lait des dents, et la vêture
Des cheveux ruisselants, s'épuisent, pour mourir ;

Si les bleuets des yeux et les roses des joues,
Les seins épanouis comme un faisceau de lis
Roulent, ainsi que ces fleurs mêmes, dans les boues
Des âges insulteurs et des hivers pâlis ;

Puisque celle qui danse, ainsi que dans un rêve,
Pour que, sous son pied, roule une tête de prix,
Sent que son regard doux, qui s'aiguise en un glaive,
Contre elle-même, tourne, en ses retours aigris ;

Si, de l'enfant qui noue au col de son amphore
Un geste plus léger qu'un cep de vigne en fleur ;
Autour de sa corbeille, un bras de canéphore,
Sèchent comme un sarment sous l'ombre et le malheur ;

Si les astres ne sont que des parcs de lumière
Que n'épargne pas mieux l'automne de l'azur,
Et si je vois l'étoile élue et coutumière
Filer au cœur des nuits d'un trait laiteux et pur,

La beauté n'est qu'appât, la grâce qu'apparence,
L'amour est piège, et le baiser, miel corrupteur,
Sur les lèvres se tourne en amertume rance,
Fiel douloureux fait de traîtrise et d'impudeur.

Toute ardeur qui n'est point, en sagesse, tournée,
L'attrait que n'orne pas celui de la vertu,
N'est qu'un astre torride, au cœur d'une journée
Où le jardin se pâme et l'homme est éperdu.

Les douceurs que le Ciel, en ma face, avait peintes,
Des yeux pareils au lin, des cils dorés de miel,
Des tempes, du réseau des tresses d'ambre ceintes,
Me fuiront, comme Éphrath, et comme Alaciel.

La nacre de mes dents, la pourpre de mes rires,
Mon teint candide comme une fleur d'althæa
Quitteront mon visage en proie aux noirs délires,
Comme Pasiphaë, comme Pasithéa.

Or donc, en moi, Seigneur, si mon remords te touche,
Tout ce que ta caresse à mon front avait mis,
Avant que soit passé le bouquet de ma bouche,
Comme à Cléopatra, comme à Chrysothémis,

Oui, daigne résorber tout ce qu'en moi de charmes,
Ta tendresse avait mis — et dont je mésusai,
Et vouloir que le fils racheté par mes larmes
Naisse et règne, ton bras, sur sa droite, posé.

Que les roses d'amour de mes beautés reprises
Remontent dans son âme, en superbe savoir ;
Et que les rayons de mes tempes faites grises,
Illuminent son cœur, éclairent son devoir.

Qu'il soit, au bout des temps, de par les sacrifices
Que sa mère lui fit de ses charnels trésors,
Porté sur le renom de ses hautains offices,
De ses pouvoirs sans borne et ses altiers essors.

Et que, dans l'avenir, nul roi n'ose être sage,
Prudent, puissant, fameux, magnanime, loyal,
Sans que son nom n'évoque, à jamais, le visage,
Avec le souvenir de mon Enfant Royal.

Qu'en échange infini de mes grâces rendues
Dans leur fleur, mon doux fruit tienne, de ton secours,
Des sciences sans nom et des forces perdues,
Qui retrouvent en lui leur mystérieux cours.

Qu'il ait les talismans, avec les amulettes
Qui contiennent les mots et les ordres secrets ;
Que des oiseaux parleurs aux plumes violettes
Soient ses beaux messagers à travers les forêts.

Qu'il ait, pour transporter son camp bordé de trônes,
Avec toute sa cour et tout son attirail,
Un magique tapis, sous les dais bleus et jaunes
Que lui tisse un essaim de vols d'ambre et d'émail.

Que des chevaux ailés le servent et le portent,
Que les esprits soient à ses ordres, que des rois
Et des reines, lointains, qui de nègres s'escortent,
Le viennent consulter pour ses jugements droits.

Qu'il écoute un lion, qu'il entende un insecte,
Devinant leur langage, et démêlant leurs vœux ;
Et que son équité qui comprend et respecte
Ne laisse prendre à l'homme un seul de ses cheveux.

Qu'il élève un palais, et qu'il érige un temple,
Où le Seigneur lui-même élise son séjour ;
Où l'auguste clarté du Très-Haut se contemple,
Un lieu vêtu de cèdre et parfumé d'amour.

Parce que rien ne vaut la splendeur de la **Femme**,
Et que j'offre ma forme en son plus plein contour,
Pour que la majesté du destin que je trame
Soit plus haute qu'un mont, plus forte qu'une **tour**.

Parce qu'en moi je sens, inspirée, et grandie,
Préluder son essor formidable et vermeil
Et, tel qu'un merveilleux lever qui m'incendie,
S'irradier et resplendir comme un Soleil !

(Elle se prosterne.)

Par ta grande pitié, par ta toute-puissance,
Regarde-moi, Seigneur, dolente Bethsabé !
Je t'implore à genoux, en ta sainte présence ;
Sur mon corps impieux ton courroux est tombé.

Que ton divin pardon, sur notre faute, passe.
Ensuite, mon destin s'achèvera sans bruit,
Quand mon Fils aura vu le jour, avec la grâce,
D'une première fleur, et d'un suprême fruit !

DAVID

A mon tour, Dieu Seigneur, hélas ! que te dirai-je ?
Car, seul, tu sais détruire et réédifier.
Tes mains tiennent la grêle, et la pluie, et la neige,
Nul n'est en droit chemin sans à toi se fier.

A tes doigts sont pendus, et le grain, et la grappe ;
Ta largesse nous comble, et sauve ta pitié ;
Tu fis le soleil, d'or ; d'argent, tu fais la nappe
Dont la lune, du temps, éclaire la moitié.

Comme un bétail, au parc, tu nommes les étoiles,
Chacune par son nom ; tu tiens l'onde et le vent ;
Et la Terre, et la Mer immense où sont les voiles,
Et l'eau tumultueuse, et le sable mouvant.

Seigneur, fais-moi merci ! Que tu notes mes fautes,
Je ne vaudrai pas plus qu'un branchage roussi,
Qu'un vieux coursier fumeux dont on compte les côtes,
A cause des péchés commis en celle-ci !

Car, en un tiède Mai, j'errais sur ma terrasse,
Le ciel était trop bleu, le bois était trop vert,
La langueur du parfum des feuilles nous terrasse
Et le danger d'amour de partout s'est offert.

De mon royal balcon j'aperçus Bethsabée
Lavant son beau flanc nu dans l'eau qui la mirait ;
Sa chevelure sur sa gorge était tombée,
Et tout le paysage en rêvant l'admirait.

Nos lèvres et nos yeux, hélas ! se rencontrèrent !
Le désir, par la vue, au cœur s'ensemença ;
Les ardeurs, dans les sens, par le cœur s'infiltrèrent...
Le crime doux-amer, entre nous commença.

NATHAN

Maître, dès ce moment, remettez-vous en joie,
Car vous aurez un Fils prééminent et beau.
Nul ne l'égalera sur la terre qui ploie,
Je le jure par Dieu qui nous mène au tombeau !

à Maurice BARRÈS.

XVIII

PRINCE EDIE

> Les restes mortels du Prince ont été placés dans deux cercueils de chêne; le premier en chêne ordinaire, le second en chêne avec ornements de cuivre. Le bois de ces deux cercueils vient d'arbres coupés à Sandringham.

Pour ses noces, le Duc de Clarence-Avondale
Donne à Mary de Teck, rare escorte d'honneur,
Margaret Grosvenor qui, la première, étale
La traîne de sa Dame, en ce jour de bonheur.
C'est la fille d'un Duc de Westminster. — La fille
Du feu Comte Granville, est Lady Leveson,
Victoria Gower. — Celle de la famille
Des Ducs d'Athol, portant des roses à foison,
Sera Dorothea Murray ; lady Greville,
La fille d'un Warwick, Eva, ferme la file
Avec la belle enfant de Lord Sefton, des nœuds
De ce royal hymen promené par la ville,
Suprême fleur, Lady Gertrude Molyneux.

*
* *

Non : les Dames sont la Douleur et l'Épouvante,
La Stupéfaction et l'Incrédulité ;
La Grande Maîtresse est l'Horreur et, la Servante,
La Folie. — Écoutez : il s'était alité
Hier, pour quelque mal. — Un jour passe, il expire !
— Sa fiancée exulte, est au comble des vœux ;
Future épouse heureuse, et reine, elle soupire
De l'extase à l'orgueil ; des feux d'amour aux feux
De ses royaux bijoux, elle glisse, bercée ;
Elle essaie une robe, une parure, et rit ;
Vingt robes, vingt manteaux... la voilà transpercée !
Son auguste amoureux agonise, et périt.
— L'Europe allait se mettre en route pour la Noce...
Allez, l'Enterrement vous attend ; le bouquet
Est de mise au cercueil. La destinée atroce
Change le tulle en crêpe, et pousse le loquet.
A quoi bon le trousseau ?... la fiancée essaie
Son deuil ; n'entrelacez plus de chiffres au bord
D'aucuns draps nuptiaux, la faucheuse est passée
Rayant tout, et le droit de vivre, tout d'abord.

*
* *

Albert-Victor-Edward-Christian de Clarence
D'Avondale, et d'Athlone, est mort, le gentil Duc.
Force, beauté, grandeur ne sont rien qu'apparence ;
Hier, en fleur, ce soir, éphémère et caduc.
Demoiselles d'honneur, voici vos roses noires ;
Lady Victoria, Gertrude, Margaret,
Eva, portez la traîne obscure des déboires,
Le nuptial cortège, au détour, apparaît.

L'époux, au lit, déjà ? — Le lit d'une autre Amie
Plus jalouse, et plus froide ! — Il est grave, il est blanc.
Joli Comte d'Athlone, Altesse rendormie,
Et qui, de sommeiller encor, faites semblant,
Levez-vous, il est temps, noble Comte d'Athlone,
On n'attend plus que vous, la vierge est à l'autel !
— Oh ! toute l'épousaille entrée en un cyclone
Où tournent des joyaux, des dentelles, et tel
Détail de présent vain, d'inutile corbeille,
De collier sans fermoir, de bracelet brisé
Dont la perle lactée et la perle vermeille
Se font la perle grise et le pleur irisé.

*
* *

O les desseins de Dieu, sur les rois de ce Monde !
Non erudimini, nunc intelligite !
La voix de Bossuet parle toujours, profonde :
Vous qui jugez la Terre au décor agité.

Albert, près de Beaudoin, lui-même, après Rodolphe !
Meyerling, et Bruxelle et Sandringham — *Dien ich** !
O cette Fleur de Rois, noyée au sombre golfe
Où sifflote, au lointain, l'air du cocher Bradfish...
Où sanglote, au lointain, l'air du cocher Bradfish.**

* *Ich dien*, devise du prince de Galles.
** Nom du cocher siffleur qui conduisait l'archiduc à Meyerling.

à la Mémoire de Marc RUILLÉ.

PALMES

ALGER

Les palmiers faisaient, en froissant leurs feuilles, un certain bruit qui ressemblait à des inquiétudes. Je cueillis des palmes mouchetées...

Fromentin.

Février, Mars, Avril. 1890.

DÉDICACE

I

Amissas flemus amicitias.

« Car, comme je scay si douce par une trop certaine expérience, il n'est aucune consolation en la perte de nos amis que celle que nous apporte la science de n'avoir rien oublié à leur dire, et d'avoir eu avec eux une parfaite et entière communication.

« O mon amy ! en vaux-je mieux, d'en avoir le goust ou si j'en vaux moins ? — J'en vaux certes bien mieux. Son regret me console et m'honore. Est-ce pas un pieux et plaisant office de ma vie d'en faire à tout jamais les obsèques ? Est-il jouissance qui vaille cette privation ? »

MONTAIGNE.

II

Je donne à mes Rêveries
La tournure Orientale ;
Sur les Arabes féeries
C'est le Koran qui s'étale.

Les mensonges de Galland
Se corrigent de Mardrus :
Le premier parut galant ;
Mais le second en dit plus.

Je fais qu'avec Zobéïde,
Fraternise Khadidja ;
Avec Aladin, Séïde ;
Avec Safie, Aïcha*.

Quand le convive se lave,
Pour avoir mangé de l'ail,
Cent vingt fois, les mains, sur lave,
Je fais graver ce détail.

* Khadidja et Aïcha, femmes de Mahomet.

J'écris sur la malachite
De la veine de mon vers,
La toilette dont s'acquitte
L'élu vêtu d'habits verts.

J'infuse à mes Rêveries
La couleur Orientale :
Le vers de mes verreries
Se tourne comme un pétale.

Je pleure les maux soufferts
Par Islam, par Amina :
Le vitrage de mes vers
Comme une fleur se tourna.

III

L'écume est dentellière,
Elle sait plus d'un point ;
Dans ses ateliers, erre
Le vent, qui la disjoint.

En sa maille elle excelle
Pour le point de Bruxelle.

Son réseau s'infinise
Jusqu'au point de Venise.

Entre Douvre, et la terre,
Le point est d'Angleterre.

Et le flot, sans refuge,
Avec du point de Bruge,

Pour son mouvant cercueil,
Trame un salé linceul

D'écume dentellière
Qui fait courir ses points
Sur la plainte dernière
De ses noyés, ses oints !

IV

Alger s'allège
D'un ciel d'azur ;
Là-bas, la neige
S'étale sur

Les monts Kabyles ;
Des souffles d'air
Viennent, débiles,
Revoir la Mer.

*
* *

En éventail est l'horizon,
Plein de détails ;
Et nous sommes dans la saison
Des éventails.

En éventail est le palmier,
                    Près du portail ;
Cigogne y circule, ou ramier ;
                    Homme ou bétail.

En éventail est le balcon ;
                    Tel, le vantail :
Une fleur attache un flocon
                    A son frontail.

Tout s'y règle sur ce dessin
                    Cher au sérail
Puisque le sceptre de Hussein
                    Fut l'éventail.

*
* *

Alger s'allège
D'un ciel d'azur ;
Là-bas, la neige
S'étale sur

Les monts Kabyles.
Des souffles d'air
Viennent, débiles
Flatter la Mer.

V

ZENGA*

Des Juives aux cheveux cachés ;
Des beautés dont le corps qui ploie,
Sous des voiles, s'abrite et noie
L'or des vêtements soutachés.

Le rugueux burnous des Arabes
Le gentil caban de Tlemcen ;
Puis, s'avançant comme des crabes,
Des femmes au corps sans dessin.

Car jamais l'épouse mauresque
Au grand jamais — ou du moins, presque,
La dame de sûrs parchemins
Ne se risque sur les chemins.

Pourtant, quand le vendredi sonne,
Vers le cimetière, en personne,
Elle vole, avec des paquets,
Et passe le jour en caquets.

* La rue.

Et j'aime l'étrange coutume
Qui ne veut pas que se consume,
Dans l'ennui, le mort vénéré ;
Et qui mêle au rite sacré,

Les gâteaux, les roses, le rire
Que l'on entend, comme une lyre,
Vibrer au milieu des cyprès
Lorsque l'on passe, loin, ou près.

Libations familiales,
Domestiques, mais amicales
Qui valent mieux, au mort pâli
Que la solitude, l'oubli

Et le silence, que console
Le doux éclat d'une parole
Dont je suis l'unique témoin
Lorsque je passe, près, ou loin.

à Marcel PROUST.

VI

SÉRÉE

Sous ses vivants colliers faits de fleurs d'oranger,
Elle venait au rendez-vous de l'étranger,
Rieuse, insoucieuse, et singesse jolie,
Avec sa bouche large où le rire déplie
L'autre collier de fleurs d'oranger de ses dents.
Son teint aussi de fleurs d'oranger, et dedans,
Ses yeux comme deux traits de plumes allongées,
De sourires cillants et de regards frangées.
Elle me racontait des histoires : « *Poucet,
Ma bouche sur ta joue*, et *La femme à sept têtes !* »
— Elle avait de la grâce élégante des bêtes
Spirituelles ; son bavardage lançait
Des cris comme des fleurs et, pour son diadème,
Demandait un ruban qui fût *couleur je t'aime !*
— Ses colliers, dans la nuit, parfumaient le chemin
Et sa chemise était toute en fleurs de jasmin.

VII

L'HOMME - FEMME

Le Génie assurait dans un coffre de verre,
    Sa femme, l'enfermant ;
Ce qui n'empêcha point, malgré le joug sévère
Qu'elle en fût, assez vite, à son centième amant.

La musulmane trompe, ainsi que la chrétienne
    L'époux le plus gentil ;
Le prophète lui-même — et qu'à cela ne tienne,
    N'en fut pas garanti.

L'épouse arabe encorne un mari sans reproche,
    Avec un galant laid,
Pour du mouton volé, pour du cristal de roche
    Ou quelque bracelet.

Ce dire de Manou, sur la matière, en somme
    Demeure toujours neuf :
« *Tenez pour adultère, une femme qu'un homme*
A gardée, avec soi, le temps de cuire un œuf. »

VIII

CHRYSOSTOMES

De cuir jaune et d'argent.
GAUTIER.

C'est le pays des babouches
Qui s'ouvrent comme des bouches,
Parmi l'éventaire obscur :
Bouches de cuir et de soie,
Bouches d'or, bouches de joie,
Bouches d'argent et d'azur.

Babouche qui semble mordre,
Bouches qui semblent se tordre
Dans leurs sourires coupés ;
Babouches qui semblent poindre
Pour tous les goûts, pour le moindre
Comme pour les plus huppés.

Oh ! ces babouches sans boucles,
Mais plus pleines d'escarboucles
Qu'au temps d'un Elagabal !
Babouches d'où semble sourdre,
Quand je les regarde coudre,
Comme un élément de bal ;

Comme un aliment de danse ;
Bouches pleines de cadence,
Babouches pleines de ris ;
Babouches que semble moudre,
Quand je les regarde coudre,
Le brodeur aux points fleuris.

Babouches de tout calibre,
Babouches pour le pied libre
Et pieusement lavé ;
Babouche, à voir embusquée
Sur le pas de la mosquée
Et sur le seuil du café.

Babouche de courtisane,
Babouche arabe ou persane,
Babouches de marabout ;
Babouches de toutes pointes
Babouches, de flammes ointes,
Pour l'amant et pour l'époux.

Quels que soient vos ministères
De mystères, d'adultères,
Vos projets, vos missions,
Acheminez-vous, marcheuses,
Acheminez-vous, chercheuses,
En longues processions,

Vers toutes les choses saintes,
Ou folles, que, de vous ceintes,
Les marches appelleront
Et que déjà je démêle
Dans l'air de votre semelle
Prête à s'enfuir d'un vol prompt.

Acheminez-vous, savates,
Sous vos couleurs de cravates,
Vers ce que vous désirez...
— Et vous, toutes les aurores,
Et vous, tous les météores,
C'est vous qui les cirerez !

IX

MÉTIERS

De pierre de savon lave ta laine chaude ;
La garance est d'ici, l'indigo s'acheta.
La gaude est pour le jaune ; et cette même gaude
Mêlée à l'indigo, de vert se tacheta.
Le noir s'obtient du fer et de la noix de galle ;
Le violet, du tartre. — Ainsi le *mahâllem**
Compose le tapis dont notre œil se régale.
C'est tantôt le *quétis* pour le lit du harem,
Le *djelal* du coursier, la *rara*, la *musette*,
Le *tellis* et l'*el frech* de diverse longueur.
— Le dessin se varie au fur de l'amusette
Et chaque *reguem*** doit le porter « *dans son cœur* ».

* Patron.
** Artisan.

X

SHÉHÉRAZADE

Sur une peau d'onagre, aux couleurs tirant sur
Le jaune, cette lettre au caractère azur :

Le Roi de Serendib, l'Ile aux cent parasanges,
Devant qui vont marchant mille éléphants étranges
Qui foulent, sous leurs pieds, la flore des tapis,
Prince dont le palais a des toits de rubis,
Offre, au calife Haroun-al-Rachid, une vasque,
D'un seul saphir, taillé sur le contour d'un casque,
Pleine de perles d'une drachme ; outre la peau
D'un serpent qui guérit les malades ; un beau
Bois d'aloès, dont cent mille drachmes sans tache,
Et trente grains de camphre en forme de pistache.
Plus une jeune esclave aux vêtements gemmés.

Serendib est le lieu des séjours parfumés.
Celui qui le gouverne a vingt mille couronnes.
Lorsqu'il daigne paraître, on ajuste des trônes
Au dos des éléphants ; des colonnes en or

Le suivent, et lui font un mouvant corridor
Balançant, de fruits verts, le smaragdin mirage.
Plus grand que Solima, plus puissant que Mirage
Ce redoutable roi doit mourir, doit mourir,
Doit mourir...
    — *Loué soit Dieu qui ne peut périr !*

XI

BARBIER

« Je ressemble à Zantoutt, masseur de gens au bain ;
  A Sali, grilleur de pois chiches ;
A Salouz, le marchand de fèves ; gagne-pain
  Qui n'ont jamais fait les gens riches.

« Tels, Abou-Mekarès, arroseur du chemin,
  Schacabac, le vendeur de chiffe ;
Akerscha, marchand d'herbe, et Cassem, sabre en main,
  Gardant la porte du calife.

« Tous ces gens-là n'ont rien, mais tous ces gens ont tout,
  S'ils sont toujours pleins de cadence ;
S'ils vont toujours chantant, dansant, comme Zantoutt,
  Zantoutt comme lequel je danse ! »

XII

PETITS NOMS

Bouche de Corail et *Face de Lune*,
      Éclat du Soleil,
Je veux être aimé par l'autre et par l'une,
      D'un désir pareil.

Délices du Cœur et *Gorge d'Albâtre*,
      Et *Plaisir des Yeux*...
De toutes les trois je suis l'idolâtre
      Avaricieux.

Étoile du Soir et *Bouquet de Perles*,
      Lumière du Jour !
Trilogie heureuse, en moi tu déferles
      L'océan d'amour.

Et *Canne de Sucre*, et *Tourment de l'Ame*,
      Et *Chaîne des Cœurs*,
Sucrez, tourmentez, enchaînez ma flamme,
      De vos noms vainqueurs !

XIII

DONS

La Princesse parla : « Si j'épouse le Roi
Voici quel est le fils qu'il obtiendra de moi :

« L'Enfant dont le visage aura l'éclat des lampes
      Sera tel, je le veux :
De l'or et de l'argent couleront de ses tempes
      Sous forme de cheveux.

« Ses larmes, s'il pleurait, seraient de perle rose ;
      Et quand il sourirait,
Sa bouche s'ouvrirait comme un bouton de rose
Sur lequel le printemps, tout entier, fleurirait. »

— Or, cet enfant, que mit au monde la Princesse,
      Fut ainsi, fut aimé ;
Son bonheur fut de ceux dont, pas un jour, ne cesse
      Le parcours parfumé.

Son visage brillait de la clarté des lampes,
        Son rire était fleuri ;
De l'or et de l'argent coulèrent de ses tempes...

— Les pleurs, on n'en sut rien, car il n'a que souri.

XIV

« Voyage ! un autre ami vaut celui que l'on quitte ;
Le plaisir de la vie est dans le mouvement.
Un esprit curieux, de ce devoir s'acquitte
Et cherche pour son rêve un nouvel aliment.

« L'eau qui dort se corrompt ; l'eau coureuse est limpide ;
Aussi vil que la terre est l'or dans son filon.
L'aloès, sur le sol, n'est qu'un bois insipide,
Il faut le travailler pour l'honneur du salon. »

— Ayant ainsi parlé, Noureddin, à sa mule,
Mit une selle d'or, une housse en velours,
Des étriers de l'Inde, où de l'argent circule ;
On eut dit une Dame aux joyaux clairs et lourds.

Il joignit au bagage un tapis de prière ;
Puis, s'étant écrié : « Je vais voir du pays ! »
Il eut bientôt laissé, sur sa route, en arrière,
Kilioub, Jérusalem, Alep et Bilbéis.

XV

Ayant marché vingt jours, le frère de Perviz
Sur le bord de la route aperçut un dervis
Qu'on eut dit un paquet de toile d'araignée,
Un nid de salangane, une forme baignée
De ses cheveux qui descendaient jusqu'aux genoux,
De sa barbe qui s'emmêlait en buissons doux
Entre lesquels on voit, quand les regards y plongent,
Des mains jointes et dont les ongles se prolongent ;
Tout l'air embroussaillé d'un immense cocon
Sans mouvement, sans voix, couvert d'un blanc flocon
Où l'oiseau chante, où croît la fleur, où l'agneau broute.

Bahman s'approche. Il lui faut retrouver sa route.
Il interroge l'homme à l'aspect de buisson ;
Un murmure en émane, une ébauche de son.
Le jeune homme, qui veut contenter Parizade,
Insiste : « Votre aspect semble ainsi bien maussade,
Bon père, et votre voix s'étouffe sous les crins.
Il vous faut et m'entendre et guider mes chagrins. »

Et, de ciseaux qu'il tient, voici qu'il lui découvre

L'oreille, et qu'une bouche en ce buisson s'entr'ouvre,
Dans un teint rose et frais qui, sous le poil, fleurit :

— « Fils, je te remercie, écoute. Il est écrit
Que, par moi, tu sauras où l'oiseau qui profère
Des mots, Bulbulhezar vibre ; en quelle atmosphère
Les chanteurs d'alentour viennent accompagner
Ce seigneur de la voix que tu dois te gagner.
— Je veux te dire encore où croît l'arbre qui chante,
Dont chaque feuille est bouche, et dont chacune enchante
D'un concert éternel autant qu'harmonieux.
— Tu connaîtras enfin ce qu'oreille ni yeux
N'auront ouï, n'ont vu : l'eau blonde qui foisonne
Dans le bassin, dont l'or, que le zéphir moissonne,
Jamais ne cesse de descendre, et de monter,
Au bruit le plus charmant que l'on puisse écouter. »

XVI

Si j'avais écrit, moi, le conte des trois Princes,
Houssain, Ahmed, Ali, courant par les provinces
A la poursuite de l'objet qui dût, un jour,
De leur Nouronnihar, leur assurer l'amour ;
Quand Houssain a trouvé le tapis qui transporte
Ali, le miroir d'or qui fait voir les absents,
Ahmed, le fruit divin dont le suc réconforte,
Je les aurais, tous trois, eux et leurs vains présents,
Agenouillés au lit de Nouronnihar morte !

XVII

CONCERT SPIRITUEL

Un Mystère Espagnol, une Passion basse,
   Pour un Vendredi Saint,
Où sur d'affreux tréteaux un Christ passe et repasse
De nos crimes, couvert, de ses épines ceint.

Un Jésus qui revêt la tradition noire
   De la laideur du Christ,
Et qui semble émané de quelque affreux grimoire
   Où Belzébuth s'inscrit.

Une Samaritaine à l'aspect de matrone,
   Une Magdalena
Brune ; en souliers de satin blanc, en jupon jaune,
Une Marie, aucunement *gratiâ plena*.

Des larrons ressemblant à des lutteurs ; un Pierre
   A l'aspect de rapin,
Et que, pourtant, vient effleurer l'air du Calvaire,
Au souffle de Celui qui consacre le pain.

*
* *

Car, de cette baraque, à la fin, se dégage
        Comme un enseignement ;
On sent le Saint-Esprit palpiter dans sa cage
Et la parade éclore en noble document.

Oui, n'est-ce pas ainsi qu'éclatèrent les choses,
        Plutôt qu'en ces missels
Où des Jésus jolis, sous leurs bouclettes roses,
N'ont connu ni les amertumes ni les fiels ?

Donc, toute cette tourbe, aux planches adaptée,
        Figure mieux ceci ;
La lumière divine y semble mieux captée,
Le Verbe apparaît mieux au cadre rétréci.

La bonne volonté de tous ces interprètes
        Laisse agir notre esprit
Dont se vont exerçant les réserves secrètes
Sur le charme caché de ce qui fut écrit.

Une extase, à mesure, émane des redites,
        Des répétitions,
De la monotonie usuelle des rites
Et de l'art maladroit des récitations.

Jésus daigne laver les pieds de ses apôtres
        Et vers eux se baisser ;
Judas se laisse enfin baigner comme les autres,
Mais réserve sa bouche au perfide baiser.

Or, le mythe géant, à la longue, sur l'ombre
        Du portant resplendit ;
Et l'on tourne les yeux devers le gibet sombre,
Par lequel fut béni ce qui semblait maudit.

Et cela nous vaut mieux que l'opérette folle,
        Dont le clinquant burgau
L'emporte, près de là, sur la pauvre parole
De ce fac-similé des Oberammergau.

XVIII

HAROUN

Moukhârek, Ibrahim el Maussély, Zoulzoul,
Avec Amr el Ghâzal, et Djâmi le Sahmide,
Alavyah, Barsoûmâ, forment la pyramide
Des sept chanteurs qu'Hâroûn entendit à Mossoul.

Zoulzoul, étant le plus parfait citharétiste,
Dirigeait d'ordinaire et soutenait le chœur ;
Ibn Djâmi, pour partage, avait grâce et douceur,
Ibrahim figurait le fort et noble artiste.

Le calife, l'interrogeant sur son ami,
Demande à Barsoûmâ : « Que dis-tu de Djâmi ? »
— « Roi, que dire d'un miel qui toujours est délices ? »
— « Et d'Ibrahim ? » — « C'est un jardin plein de calices,
Tous les fruits et tous les parfums. » — « D'Amr-el-Ghâzal ? »
— « Ghâzal a la beauté ; quoi de plus musical ? »

XIX

ZOBÉÏDE

Zobéïde aimait tant l'âme psalmodiée
Du Koran, qu'elle en fit apprendre, par cent voix
D'esclaves, les versets, et qu'ainsi radiée,
Tout autour du palais, chaque jour, une fois,
La lecture pieuse, hors des bouches vermeilles,
Se répandait comme un bourdonnement d'abeilles.

Du poète Salem, elle admirait l'essor,
La Sultane lettrée, et belle, j'imagine.
Pour le remercier de la strophe divine,
Qu'il venait de chanter, et qui vibrait encor,
Sur sa lèvre elle vint mettre une perle fine
Que, plus tard, il vendit vingt mille dinars d'or.

XX

MAMOUN

Un jour, un beau jeune homme, appelé *Fleur de Lis*,
En présence du Prince, accompagnait sa strophe.
Une esclave le vit, de derrière une étoffe,
Et répondit ces vers qu'enveloppaient les plis :

« Puis-je frôler le lis, si frais épanoui,
Sans qu'un pleur de rosée humecte ma paupière ?
Le lis, c'est toi. — Si son parfum a réjoui,
Son éclat le surpasse et luit comme une pierre. »

— Le prince l'entendit et décida la mort
De Celle qui rythmait son aveu tendre et grave.
— Puis, songeant que la fleur des blancs lis est suave,
Que l'harmonie est douce, et que l'amour est fort,
Mamoun, au beau jeune homme, abandonna l'esclave.

XXI

Haçan n'épargna rien aux Noces Califales :
Il fit distribuer des noisettes de musc
Où l'on avait inscrit des noms de mamelucks,
D'esclaves, de palais, de bijoux, de cavales.

Tabari le rapporte ainsi dans ses Târikhs :
On jeta des deniers d'or, de l'argent en drachmes,
Des gâteaux de miel rose, et des œufs d'ambre gris.
Les plus grands en avaient jusques aux diaphragmes.

Plus de cent millions de drachmes, en vingt jours,
Y passèrent. — Ensuite, on prit des escarboucles,
Et, sur les pieds du prétendant, et sur les boucles
De la vierge, on les fit s'écouler, comme un cours.

Puis, dans un taureau d'or, on mit un cierge d'ambre
Pesant quatre-vingts fois dix onces, qui devait
Éclairer, à la fois, et parfumer la chambre
Où Mamoun et Bouran l'eurent à leur chevet.

XXII

PIQUE-ASSIETTE

Un livre, Ikd-el-férid, dit *le Collier Unique,*
Raconte Tofaïl, roi du Tofaïli ;
Père du parasite à la molle tunique
Et dont l'heureux métier n'a point encor failli.

Ne jamais oublier aucun repas de noce ;
Paraître de la fête à chaque marié,
Et contenter ainsi son appétit féroce :
Cette profession n'a guère varié.

N'affectez point l'air doux qui fait qu'on vous rebute ;
Rudoyez les valets au fort de leur travail ;
Retrouvez-vous repus avant qu'on en impute ;
Et vous serez béni au nom de Tofaïl.

XXIII

Oui, le temps a deux jours ; oui, la vie a deux vies :
Le limpide et l'obscur ; le doux ou le troublé.
Nos prospérités sont d'adversités suivies,
Nul ne lance un caillou que sur l'arbre comblé.

Vois les flots de la mer : le cadavre du mousse
Surnage à la surface... et la perle est au fond.
L'orage atteint la cime et ménage la mousse,
L'étoile vainc l'éclipse où le soleil se fond.

Oui la vie a deux parts : le sucre et le vinaigre ;
La bande croassante et le suave essaim.
Un jour blanc, un jour noir ; un son doux, un ton aigre ;
Ail ou musc, fiel ou miel, coloquinte ou raisin.

XXIV

Quand le fils de Celui qui fut Roi des Kindides
Voulut prendre pour femme une des filles d'Auf,
De savoir si ses traits étaient beaux ou sordides
Il chargea son ami qui revint sain et sauf.

« Elle ne peut tromper, elle n'a pas de voile...
— Rapporta l'envoyé — son visage est pareil
Au miroir d'un étang qui reflète une étoile,
Et ses cheveux sont comme un rayon de soleil.

« Déliés, on dirait des chaînes souriantes ;
Coiffés, ils ont l'aspect des grappes de raisin
Qu'une petite pluie a faites plus riantes.
Au-dessous des sourcils d'un délicat dessin,

« Rayonnent les beaux yeux d'une fière antilope
Que rien ne peut surprendre, et que fascine tout ;
Du milieu de leurs arcs, le nez se développe
Comme un sabre fourbi se courbant vers le bout.

« Une pourpre rosée en un champ clair déferle :
C'est la joue où la bouche ouvre son anneau bel :
Où fleurit le sourire, où les dents sont en perle,
Où la lèvre est en rose, et la salive en miel ;

« Où la langue se meut en parole facile
Que dirige un esprit prêt à la question,
D'où la réponse sort éloquente et docile
A l'interrogatoire, à la discussion.

« Son épaule est d'ivoire et ses formes sont pleines
Comme celles des dieux qu'on nomme *doumia ;*
Sur ses bras blancs, on voit courir l'azur des veines
Et ses mains sont des lis qu'un bracelet lia.

« La gorge a ses deux seins, durs comme des grenades,
Le ventre est une coupe où dorment des parfums ;
Tout ce corps a l'attrait des belles promenades
Sous les matins naissants ou dans les soirs défunts.

« O fille magnifique ! Elle marche, ses hanches
Frissonnent. La voici maintenant qui s'assied.
Que son repos est fier ! Que ses jambes sont blanches
S'appuyant sur le fer de lance de son pied ! »

*
* *

« Elle connaît encor les devoirs de dix sortes :
A l'œil de ton époux n'offre en toi rien de laid.
Ne tends que douce odeur à ses narines fortes.
Le kohl ajoute un charme et la parure plaît.

« Ordonne le repas et prépare le somme ;
L'un veut la joie, et l'autre, un silence de mort ;
Le plaisir de la table est agréable à l'homme
Et le sommeil troublé mène au sombre transport.

« Du Maître il faut garder les biens et la demeure ;
Ne jamais divulguer un seul de ses secrets ;
Sourire s'il sourit, et pleurer quand il pleure,
Et ne trouver qu'à ce qu'il aime, des attraits. »

XXV

LE JUGEMENT DES ORANGES

Lorsque, de son amour coupable, pour Celui
Qui, par ses frères, fut vendu, l'indigne femme
De Putiphar, se vit accuser, son ennui
S'avisa d'un détour pour éviter le blâme.

De celles qui l'incriminaient, sur ce ton bref,
Elle engagea, pour un repas, les plus perfides ;
Et lorsque sur des fruits, leurs mains couraient, avides,
En tenant leurs couteaux, elle appela Joseph.

Or, en le voyant beau, comme sont, seuls, les anges,
Toutes, laissant glisser entre leurs doigts tremblants,
Les lames qui cessaient de couper les oranges,
Le sang marqua de rouge, un peu, leur geste blanc.

à la Mémoire de LECONTE DE LISLE.

XXVI

Le dix-neuvième fils de David, Salomon,
Était omniscient, tout-puissant et prophète.
Jamais, à nul Élu, telle part ne fut faite
D'hommes et d'éléments, d'Esprit et de Démon.

Ce que l'on dit de lui, le vent le lui rapporte ;
Il entend le lion, écoute le cloporte ;
Quadrupèdes, oiseaux, les sylphes et les inns
Le servent, il commande aux chaïtans, aux djinns ;
Le tout en quatre corps d'un carré de cent lieues.

Son palais de cristal, mirant les voûtes bleues,
Contient mille beautés, épouses et houris.
Un tapis d'une lieue, aux losanges fleuris,
Est tendu par les djinns, quand le Prince voyage.
Des trônes, alentour, la couronne s'étage ;
Ceux des prophètes, d'or ; ceux des sages, d'argent.
La foule des esprits auprès se va rangeant.
Les oiseaux sont en l'air, les ailes disposées
En voussure de plume où, soleil et rosées,

Meurent au parasol fait d'émail frémissant,
De coloris qui plane et de vol bruissant.

Le vent transporte tout lorsque le camp se lève.

* *
*

Le Roi, vers l'Arabie, avec ce train de rêve
Partit pour saluer, en Médine, le lieu
Où le dernier mourra des envoyés de Dieu.

Le vent, près de Taïf, lui porta les paroles
De la sage fourmi qu'on nomme Tâkia
Conseillant à ses sœurs de fuir dans les corolles
Ce concours innombrable et qui les effraya.
— « Pour leur parler ainsi, ne me crois-tu pas sage?
Tâkia, penses-tu, que mon œil endormi
Ne sait point, dans le champ, respecter la fourmi? »
Demanda Salomon. — « J'ai craint que ton passage,
Fit-elle, ne troublât, prophète, leurs esprits. »

« De David* — conclût-elle encor — le nom proclame
Qu'il fut propre à *guérir* les souffrances de l'âme.

---

* Daoûd, de *daoua*, médicamenter.

— Ton nom *Soleïman** veut que ton cœur soit *sain*.
— A tes ordres, des vents, le Ciel soumit l'essaim
Pour t'apprendre que tout sur Terre est souffle vague.
— Dieu logea ta puissance au chaton d'une bague
Pour témoigner que tout, en ce monde, est paillon.
— Les troupes des fourmis surpassent tes tournées...»
— Et Tâkia, durant soixante et dix journées,
Devant Soleïman lança maint bataillon.
La terre se couvrit de leur nuée épaisse.
L'insecte dit alors : « Tu n'en vois qu'une espèce ;
J'en ai soixante et dix ».
     — Salomon se leva.

*
* *

Aux abords de la Mekke, alors, il arriva.
Chaque jour, il tuait quatre mille chamelles,
Douze mille moutons et cinq mille taureaux.
Il parlait du Messie aux promesses formelles,
Le dernier qui viendrait, le Prophète-Héros
Dont, au bout de mille ans, doit poindre l'arrivée.
— Quelle seront sa Foi, par qui l'âme est sauvée,
Et sa Loi, par qui l'homme apparaît délivré ?
— Religion de pente au bien, et vers le vrai.

*
* *

---

* Soleïman — de *Selim*, **sain**.

Soleïman reprit sa voie aventurière
Du côté de l'Yemen. — A Sâna, vers midi,
La place lui sembla propice à la prière,
Au repos, au repas, sous le jour attiédi.
Le site était riant, l'ombre était engageante,
Les oiseaux se rangeaient en coupole ombrageante ;
Il ne manquait que l'onde. Ordre alors on donna
A la Huppe d'aller où filtre l'eau sous l'herbe.
Mais l'oiseau, dans son vol, de la Mekke à Sâna
S'était laissé tenter par un jardin superbe,
Celui de Balkamah, qu'on appelle Balkis.

La Huppe de Balkis, Anfir, dit à l'oiselle
De Salomon, Yafour, en cet Éden exquis :
« Où vas-tu, d'où viens-tu, quel est ton Maître ? — Celle
Que je sers a l'Yémen pour royaume. Ses chefs
Qu'elle lance en campagne, à l'heure des griefs,
Sont douze mille, avec autant dans chaque armée. »
— « Mon Souverain, par qui la Terre est alarmée,
Dit Yafour, est le Roi des hommes et des inns,
Des animaux, des vents, des chaïtans, des djinns. »
— « Viens, dit Anfir, viens voir ma Reine en ses demeures
— Et la Huppe n'en put repartir qu'à trois heures.

Or, Salomon reçut un rayon de soleil.
Levant les yeux, il vit que, parmi l'appareil
Des oiseaux étalant, pour l'abriter, leur jupe,
Une place était vide, et celle de La Huppe.
— « Je ne l'ai nulle part adressée, en ce jour... »
Dit le chef du ramage, Afrit, lutin-vautour.

— « Je la tuerai, si rien de formel ne l'excuse ! »
Fit le Roi. — L'aigle alors vers celle qu'on accuse,
Vole. — « Notre prophète a juré votre mort ! »
— « Et sans restriction ? » — « Si nul motif plus fort
Ne vous absout. » — « C'est bien, je serai donc sauvée. »

— « D'où viens-tu ? » dit le Roi, lorsqu'elle est arrivée,
Je veux te châtier ! » — « Seigneur, épargne-moi,
Tel, devant ton Seigneur tu paraîtras. Pour toi
J'ai travaillé, ce jour, et ne fut point trahie.
Tout au fond de l'Yemen, jusqu'en la Sabaïe,
J'ai vu Mareb, cité des enfants de Saba,
Et l'enfant de Marek, fils de Râyan, leur Reine. »

— « C'est bien. Va donc porter à cette Souveraine
Cette lettre où le musc de mon cachet tomba :
Pour Balkis, Salomon, fils de David. — Prends garde
De te croire au-dessus de ton Maître et Seigneur.
Que ta soumission, qui diffère et s'attarde,
Songe plutôt à rendre hommage et faire honneur
A Celui dont l'éclat, parmi les astres, brille.

*
* *

Le père de Balkis, Zou-Chark eut cette fille
Entre quarante fils. Sa mère est Rihânah
Que procréa Sakan avec une djinnah.

Balkis choisit Bnou-Akh pour en purger le monde,
Et le tua la nuit de leurs noces.
                            L'immonde
Tyran mort, elle règne en ce pays conquis.
Elle rend la justice une fois par semaine,
Elle écoute la plainte et sagement tout mène.
Derrière son rideau fait d'un léger tissu,
Elle a tout vu sans être vue, elle a tout su,
Et rentre à son palais par la septième porte
Des sept appartements. — Le trône qui la porte,
Les jours qu'elle revêt ses superbes habits,
Est d'or, d'argent, mêlé de saphirs, de rubis
Et mesure en largeur quarante-deux coudées
D'émeraudes et d'améthystes inondées.

*
* *

La Huppe arrive. — Au fond du septième palais
La Reine dort, avec les sept clefs sous sa tête.
L'oiseau, dont le plumage a des feux violets,
Par la fenêtre ouverte où l'azur est en fête,
Va poser, sur le bras de la femme au corps brun,
Le billet que son maître a scellé de parfum.
— Balkis l'ouvre, lit, songe : « Il faut que je le tente. »

D'un costume de fille, à la couleur voyante,
Elle fait habiller cinq cents jeunes garçons
Et couvrir leurs chevaux de beaux caparaçons :

Ces mâles ont, chacun, des perles aux oreilles.
Cinq cents femmes les vont suivant, toutes pareilles,
Mais, elles, sans bijoux, et sur des chevaux nus,
Pour que les sexes soient malaisément connus.
— Les présents, pour le Roi, sont un bandeau, qui s'offre,
Avec de l'aloès et de l'ambre, en un coffre ;
Une perle encor vierge ; un saphir au pertuis
Tortueux, enfermés en deux autres étuis.
Plus la lettre qui suit :
     Si ce Roi prophétise,
Quels sont les envoyés qu'il reçoit, qu'il le dise ;
Et, ce qui gît, caché, dans le coffret étroit.
Il doit aussi percer la perle, d'un trou droit ;
Puis enfiler la gemme, exactement et vite.

Et l'Ambassade part. Et la Huppe l'imite.

    *
   * *

Après avoir soumis aux chaïtans le sens
Du billet, Salomon admira les présents.
Puis, les djinns familiers à leur suite, amenèrent
Devant le Roi des Rois, deux vers, qui se traînèrent :
L'un enfilant la gemme, avec de fins cheveux ;
L'autre perçant la perle. — Et le Roi dit : « Je veux
Qu'on présente une eau pure au Sabéen cortège. »
— Telle fut sa façon de déjouer le piège ;
Parce qu'il connaissait que, chez les jeunes gars,
L'habitude est, d'abord, de laver le visage,
Puis les doigts ; mais qu'il est pour les femmes, d'usage,

Tout d'abord, de laver les mains, avant les fards.
— Donc, en dépit de leur parures échangées,
Salomon désigna les Vierges déguisées
Et les adolescents parés avec souci.

Au rapport de ces faits, Balkis dit : « Celui-ci
Est vraiment un Prophète. »
                                        Elle se mit en marche.

Les djinns, les chaïtans apprêtèrent alors
Un palais dans lequel on entrait par une arche :
Sous le sol de cristal nageaient des poissons tors,
Pour contraindre la dame à retrousser sa robe ;
Car le Roi devait voir ce que le pli dérobe
Et que Balkis avait des jambes de chevreau.
— Ainsi fit Balkamah que déçut le carreau.

Salomon pourtant l'aime, et l'épouse ; et lui cède
Une garde de djinns qui l'escorte toujours,
Retournée au Mâreb. Mais son charme possède
Ce prince, et tous les mois, près d'elle il va, trois jours.

Il meurt debout. Sa face, un an, reste si vive
Que nul de ses sujets n'ose douter qu'il vive.
Cependant le bâton qui le tient accoté
S'émiette, et le roi tombe en poussière à côté.
Sept ans, sept mois après, Balkamah qu'on admire
Meurt de même et son corps est porté dans Palmyre.

En l'an quatre-vingt-six de l'hégyre, Mouça

Découvrit son cercueil en pierre jaune : « *Çà,
Disait l'inscription — dort Balkis couronnée,
Femme de Salomon, qui fut fils de David.
En elle, la sagesse, à la beauté se vit
Unie, et lui valut sa haute destinée.
— C'est le dixième jour du mois de Moharrem
Que Salomon la mit au front de son harem.
— Le deux du mois Râbi, rentrée en la nature,
On l'inhuma, de nuit, sous les murs de Tadmour.
— Nul ne connaît l'endroit où dort sa sépulture.* »

Et, le cercueil ouvert, par miracle d'amour,
En présence d'Abbas, rejeton du calife
El Oualid, le fils d'Abd el Merik, devant
Abou Mouça signant ce récit de sa griffe.
Balkis leur apparut fraîche, et comme rêvant.

XXVII

Les Gnômes sont connus, les stryges, les willis,
Les dives, les péris, les larves, les empuses ;
Les elfes au corps fin, les djinns aux bonds jolis,
La lémure et la nixe aux pouvoirs pleins de ruses.

Imbloque, brucolaque, ondines, apsaras,
Walkyrie, et combien encore de ces goules
Qui, vers nous, lentement, du fond des Saharas
Laissent monter sans bruit d'épouvantables foules.

Amloŭk, homme et silah ; silah, guivre ; alyân,
La créature mixte entre l'humain et l'ange ;
Le Delhât nécrophile, et qui traîne, en criant,
Les corps des naufragés qu'il déchiquète et mange.

Gog et Mâgog, ou bien Chikk et Daulafany,
Mangeurs de scorpions, de serpents, de vipères ;
Fils de la plante et de la bête, flot banni
Par Alexandre, et dont la Chine est le repaire.

Les Mazhab qui surtout harcèlent les sofis,
Les Khirrît, tourmenteurs des lentes caravanes,
Le Raddâr ou traîtreux, qui portent des défis,
Les Nasnas, moitiés d'hommes, et brûleurs de cabanes ;

Les Afrit, ravisseurs de femmes, tous enfants
Du fameux Djânn ben Djânn, roi des Préadamites,
Prince de tous les djinns, phénomènes vivants,
Et qu'Iblis refoula dans leurs justes limites.

Les Ner ou les Nérés, les mâles des péris :
Eux affreusement laids, elles aux beautés mates ;
Eux, effroyablement, d'immondices, nourris,
Elles, exquisement, de parfums d'aromates.

Les Hâtef, farfadets aux voix que l'on n'entend,
Aux invisibles corps ; en tout, vingt-quatre classes
Mêlant le génien avec le chaïtan,
Que Gabriel vainqueur délogea de leurs places :

« Êtres ! — leur cria-t-il — au prophète de Dieu,
Au Roi, fils de David, obéissez, c'est l'ordre
De l'Éternel ; vous tous, accourez, de tout lieu,
O chaïtans ! ô djinns ! assez grouiller et mordre ! »

— Et voici que des vaux, des cavernes, des monts,
Des cryptes, des forêts, des ambages, sortirent
Des légions de djinns, de chaïtans, démons
Disant : « Salut à toi dont les mots nous attirent ! »

Des anges, devant eux, chassèrent ces essaims
De monstres noirs et blancs, de tigrés et de pies ;
Les uns velus, d'autres, rosés, montrant des seins,
Ou des plumes d'oiseaux sur des groins de truies.

Des têtes de lions sur des corps d'éléphants
Avec des yeux au bout des trompes et des queues ;
Des cornes, des sabots sur des formes d'enfants ;
Des assemblages fous sous des écailles bleues.

Salomon s'étonnant de leurs diversités
Murmura : « Seigneur Dieu, fais que je les contemple. »
— « Dieu, dit l'Ange te rend les clefs de leurs cités
Et ton sceau t'ouvrira les portes de leur temple. »

— Il les questionna sur leurs mœurs, leurs séjours,
Leurs espèces, leurs rits, leurs lois et leurs pâtures :
« Nous sommes fils de Djann, mais d'affreuses amours
Nous valent, dirent-ils, ces étranges natures. »

— Pour rompre leur attache incorrigible au mal
On les distribua par cent catégories,
A travailler le bois ou chasser l'animal,
Extraire les métaux, monter les pierreries.

D'autres édifiaient des cités, des remparts,
Des oratoires, des chapelles et des temples ;
Des cuisines où préparer, de toutes parts,
La nourriture en quantités toujours plus amples.

Un bataillon fut mis au travail des moulins ;
Un autre à surveiller la pâture des bêtes.
L'un séparait les eaux, l'autre unissait les lins,
Ou comptait les troupeaux en désignant les têtes.

Les femelles tissaient les housses, les tapis
Et filaient le coton, les bourres ou la soie,
Pour servir à la table, ou tisser des habits.
— Et ces êtres avaient leur tristesse et leur joie.

Iblis les régissait, le seigneur des damnés,
Le Grand Diable, et ses cinq garçons, hôtes du songe :
Thabr, prince des malheurs, chef des vols forcenés,
Awar, roi des viols, Mabsout, plein de mensonge.

Dâcem, qui met la haine entre les deux époux ;
Zalamboûr, le malin qui hante les boutiques,
Par lequel les marchés sont troublés aux deux bouts,
Et d'où naît la dispute entre les domestiques.

Ainsi le Roi des Rois étaya ses grandeurs ;
Et chaïtans et djinns doublèrent son escorte.
Les oiseaux l'abritaient et les airs pleins d'odeurs
Transportaient son tapis et toute sa cohorte.

Or Salomon connut la Reine de Saba,
Et lui compta sa part de djinns et de djinnesses,
Qui la suivit jusqu'à l'Yémen et qui nimba
Son front, de corps d'oiseaux sous des museaux d'ânesses.

Et toujours nous verrons ainsi le Roi des Rois
Renouvelant sa cour à la Reine des Reines,
Sous un ciel mélangé de douceurs et d'effrois,
Dans le rythme au vol bas des larves souterraines.

XXVIII

BALKIS

La Reine de Saba, de loin étant venue
      Auprès de Salomon,
Le Maître souhaita de voir sa jambe nue,
      Au sabot de démon.

Il la fit donc passer sur un pavé de glace
      Où tout est reflété ;
Elle crut que de l'eau brillait, à cette place,
      Et bondit de côté.

Or, du fond de la salle, en se pinçant la lèvre,
      Le prince regardait,
Pour savoir si la dame avait des pieds de chèvre,
      Comme on le prétendait.

XXIX

Balkis et Salomon, lorsque ce prince dut
Correspondre avec elle avant de la connaître,
Avaient, pour messagers, au bord de leur fenêtre,
L'un, le démon *Ifrit*, l'autre l'oiseau *Huddud*.

Salomon ayant pris, auprès de Nisibis,
Des chevaux nés des mers, et qui portaient des ailes,
A les considérer, sans souci des saints zèles,
Les regardait voler ainsi que des ibis.

C'est ainsi qu'il omit l'heure de la prière.
— Alors, pour châtier le jouet décevant,
Il tua les chevaux, rentrés dans la carrière...
— Et, pour le consoler, Dieu lui soumit le Vent.

*
* *

Au prophète divin ou Messager de Dieu,
Vers l'Arabe, qui hait les hommes à l'œil bleu,
Le Koran fut dicté, pour échauffer les zèles,
Par l'illustre envoyé, par l'Ange aux six cents ailes.

Mahomet, pour miroir, prenait de l'eau d'un vase :
« Les choses, disait-il, que j'aime avec extase
Sont les femmes, les fleurs, que je vois varier...
— Et, seul, me rend la force à l'âme, de prier. »

à Gabriel de YTURRI.

XXX

TRANSPARENT

Dieu, d'abord, avait fait une Étoile éternelle
Aussi brillante que le Soleil, dans le Ciel.
Ensuite, il ordonna de la voiler d'une aile
A l'ange Djébréïl, qu'on nomme Gabriel.

Quand la lumière fut, l'étouffer d'une nue
Devenait impossible ; alors, d'un vol subtil,
Avec son aile, ainsi, chaque soir, l'atténue
Cet ange Gabriel qu'on nomme Djébréïl

Les Élus ont besoin de la lumière intense ;
Ils ignorent la nuit, dans l'Immatériel ;
Et voient se dessiner, d'en haut, avec puissance,
L'astre, sur l'écran blanc du vol de Gabriel.

Mais nous, le jour nous lasse et la nuit merveilleuse
Vient reposer notre œil en frangeant notre cil
De la tendre lumière aux clartés de veilleuse
Qu'adoucit, pour nos pleurs, l'aile de Djébréïl.

XXXI

LE PÈLERINAGE

Pars en pèlerinage au mois de Doulkadé.

Que tout être vivant, dans tes enclos, gardé,
Prospère, et jusqu'au moindre insecte sur ta porte.

Six cent mille dévots se groupent, en cohorte ;
Ce nombre, quelquefois, les anges le parfont.

Deux chameaux, dits sacrés, avec la troupe, vont.
L'un chargé de présents, vient de Constantinople ;
L'autre apporte du Caire, un voile d'andrinople.

Fais une station sur le mont Arafa,
Et du mont Meroua, la marche au mont Safa.

Le tour de la Kaba sept fois se recommence,

Il faut baiser la pierre où le mal s'ensemence,
Qui la fit s'obscurcir, de blanche qu'elle fut ;
La pierre que le temple encadre dans son fût,
Qu'on vit perle d'abord, au paradis, puis ange,
Et qu'Adam, sur la terre, apporta, pierre étrange,
Qui, sur la fin des temps, au ciel doit remonter,
Dénoncer ceux qu'Islem en soi ne put compter.

Dans Akaba, dont Abraham bénit le sable,
Lance les sept cailloux pour lapider le diable.

Bois l'eau du puits Zemzem, creusé par Gabriel,
Pour étancher la soif d'Agar et d'Ismaël.

Puis fais couper ta barbe, après ta chevelure,
Et reprends ton travail, avec l'âme plus pure.

XXXII

Ce qui n'aurait le poids que d'un grain de moutarde,
      Fût-il sur le rocher,
Dieu le produit au jour; qu'Il presse ou qu'Il s'attarde,
      Il le saura chercher.

Dieu fait rentrer en Soi toute chose qu'il crée,
      Tout aboutit à Lui;
Qui s'abandonne à Dieu saisit l'anse sacrée
      Et le solide appui.

Quand tout ce qui fut arbre, autant serait de plumes;
      Si, d'encre, était la mer,
La parole de Dieu ferait plus de volumes
      Qu'ils n'en sauraient former.

La plus laide des voix est bien celle de l'âne :
      Ne parle donc pas fort.
Le malheur, au-dessus du bonheur, toujours plane,
      Mais tout s'apaise dans la Mort.

XXXIII

MOUNKIR ET NAKIR*

L'enfant du serviteur de Dieu mourut :
Dieu — qu'il soit exalté ! — dit à ses anges :
« Vous avez pris l'enfant de qui me plut,
Et qu'a-t-il murmuré ? » — « Que vos louanges. »

— « Vous prîtes son enfant, son sang, sa chair,
Vous avez pris le fruit de ses entrailles,
Et qu'a-t-il souhaité ? » — « L'aller chercher
Au cœur du Ciel auguste où tu tressailles. »

Dieu — qu'il soit exalté ! — leur dit alors :
« Que, pour mon serviteur, fassent mes anges,
Un céleste palais aux bleus décors,
Qu'on nomme la Maison de mes Louanges ! »

---

* Deux Anges chargés d'inspecter les tombeaux.

XXXIV

La femme avait deux fils d'une beauté pareille
    Qui se faisaient pendant.
Elle en parait sa vigne, elle en ornait sa treille,
    Dieu s'y prit cependant.

L'un des enfants mourut de l'étreinte d'une ombre.
    La mère s'effraya,
Criant : « C'était mon compte, et ma gloire et le nombre
    Qu'on me dépareilla ! »

Un poète lui dit : « Ta part était trop belle,
    Le Ciel en fut jaloux,
Il a repris la sienne. » — Et la mère rebelle
Laissa rentrer la paix dans son cœur refait doux.

XXXV

N'emportez pas les morts loin des champs de batailles
    Pour laver leurs entailles ;
Car ils doivent paraître, au jour du Jugement,
    Avec leur corps fumant.

Alors, de ces martyrs, saigneront les morsures
    Pour fêter leurs blessures,
Et, de la plaie ouverte au flanc de tels défunts,
    Sortiront des parfums !

Pareils à des colliers de perles défilées
    Où des fleurs sont mêlées,
Les justes, revêtus d'habits de satin vert,
    Écoutent un concert.

De beaux adolescents leur versent des vins roses ;
    Ils ne savent, des choses,
Que ce qui passe près du deuil sans l'effleurer
    Et ne fait pas pleurer.

XXXVI

DJENNAT*

Lequel des bienfaits de Dieu nieras-tu ?
    Il a créé l'homme,
Le soleil se meut selon sa vertu,
    La lune, tout comme.

Les arbres, les fleurs reconnaissent Dieu,
    Le palmier l'évente,
Le cercle des blés, tenant au milieu
    Les bluets, le chante.

Lequel des bienfaits de Dieu nieras-tu ?
    Il a fait les ondes
Où dort, du corail, le rameau tordu,
    Près des perles blondes.

Tout ce qui sur Terre était, passera ;
    De Dieu, seul, la face,
Dans sa majesté, point ne cessera ;
    Le reste s'efface.

* Jardins.

Ceux qui craignent Dieu verront deux jardins
    Arrosés d'eaux vives,
Et s'accouderont le long des gradins
    Comme des convives.

Convives élus, vêtus d'habits verts,
    Repas pacifiques
Au bord des tapis où sont des couverts
    Mis, et magnifiques.

Dieu pliera les cieux comme fait Sidjill,
    L'Ange qui, du Livre,
Surveille la page où, d'un doigt subtil,
S'inscrit, pour chacun, sa façon de vivre.

XXXVII

HACELDAMA

Derrière son judas, un tout petit enfant,
        Comme un petit Jésus,
A travers le treillis, qui l'amuse et défend,
        Apparaît au-dessus.

Ses dents sont de souris, ses yeux de gentil singe,
        Ses cheveux, d'agneau brun ;
Ses chiffons sont fleuris, culottes, vestes, linge,
        Que je note un par un.

Il occupe en entier le minuscule espace,
        De son minois menu,
Et s'amuse à narguer chaque passant qui passe,
        De son rire connu.

Le creuset potelé de ses roses menottes
        Se rougit de henné,
Il est seul... mais on sent, à l'éclat de ses notes,
        Une main, un néné

De mère, qui le font se sentir au-dessus
        De tous les attentats...
Et je rends le baiser de ce petit Jésus
        Dans son petit judas.

XXXVIII

LAZARE

Les petits mendiants nous regardent manger
      A travers la fenêtre.
Ils ont des teints brunis d'Africains de Tanger,
      Mais qui viennent de naître.

Ils regardent servir des mets, des entremets,
      Des sauces, des suprêmes !
Des choses que leur faim ne connaîtra jamais,
      Des crêpes et des crèmes.

Ils examinent tout de leurs yeux de souris
      Admirant un fromage...
Et, de leurs gentils yeux, nos regards sont nourris,
Leurs gentils petits yeux qui pleurent... quel dommage !

XXXIX

Mon palais de porcelaine
N'est point amer ;
Je vois la laine
Des moutons de la mer.

Blancs nuages, blanche écume,
Vous êtes mes deux troupeaux.
L'un s'éteint, l'autre s'allume,
L'un, au matin qui s'embrume,
L'autre, à l'heure du repos.

Mon palais de porcelaine
A découvert
La double plaine
Des flots bleus au bout du pré vert.

Mon palais de porcelaine
Contemple ce double ciel
Une 'eau d'azur toute pleine
Un azur où tout le ciel
Des vagues se change en miel.

Mon palais de porcelaine
   N'est point obscur...
   Je tonds la laine
Des moutons de l'azur.

XL

Et, dans le mois des fruits, il lisait couramment.
DESBORDES-VALMORE.

Toujours mêmes plaisirs, toujours mêmes chagrins :
  L'existence est une hydre.
Un grain de sel fuit dans les pleurs, un autre grain
  De sable, en la clepsydre.

Le petit du voisin peine sur l'alphabet
  Qu'on veut lui faire lire.
Vivre où croissent les fleurs, brouter où l'agneau paît
  Le ferait mieux sourire.

Il ne sait rien encor des Ozymandias
  Ni des bibliothèques ;
Il aime mieux rester près des hortensias
  Et manger des pastèques.

Cet autre accouchement, le second, — le premier,
  Puisqu'il fait naître l'âme !
Veut entr'ouvrir la porte, à ce petit fermier,
  Des lectures de flamme.

Et l'esprit de savoir, la bouche sous l'index
    Est derrière la porte,
Le manteau bossué par les mille codex
    Pleins de fruits qu'il apporte.

Toute l'expérience et tout le document
    De la typographie ;
Tout le blanc et le noir, et tout le monument
    Qui d'encre s'édifie.

Le château des pensers, le temple de l'écrit ;
    Toute la cathédrale
Où le lierre du texte au rinceau de l'esprit
    Enroule sa spirale.

Tous les saints sont perchés dans les voûtes du chœur.
    Tous les dieux, tous les diables ;
Ceux qui prêchent aux yeux, — ceux qui parlent au cœur...
    Plus irrémédiables !

XLI

MILLÉNAIRE

Cet Ali-ben-Ahmed, qui mélange les âges,
      Va de Paris à Fez,.
Et de Fez à Paris, avec les avantages
Du *rapide de luxe*, et des sentiers pas faits.

Il revoit ses cités, ses amis, sa famille,
      Repasse son burnous ;
Il nous cache avec soin ce qui là-bas fourmille,
Et ne dit point chez eux ce que l'on fait chez nous.

Il ne nous parle pas des cadavres infâmes
      Qui pendent aux blancs murs ;
Mais ne dit pas non plus qu'il a vu six cents femmes
Danser dans le ballet de nos Edens impurs,

Car il vient de la terre aux férocités nées
      Entre les rits jolis ;
Où l'on baise les mains que l'on vous a données,
Où l'on coupe une tête ainsi qu'on cueille un lis.

Sept siècles de fureur et de délicatesse,
        Mais sans transition,
L'habitent. Sa nature est autant poétesse
Par goût, que léonine, et par tradition,

De ses extrémités, il va jusqu'à nos combles ;
        Jamais acoquinés,
Après avoir goûté le frais des Villemombles,
Ses us rentrent au chaud de ses chers Mekinez.

Il récite à merveille un dixain de Coppée ;
        Mais, pour de mauvais coups,
Si son nègre n'a pas eu la gorge coupée,
C'est que notre Occident fit ce Seigneur trop doux.

XLII

Mohammed ben Meudarba
Est plus qu'un *taleb ;* sa plume
Qui jamais ne s'ébarba,
De miel compose un volume.

Elle trempe dans le lait
Des lis les moins traduisibles,
Qu'elle doit rendre lisibles
Sur le grain de son cream-laid.

Elle apprête des peintures
De roses, d'un bec trempé
Aux meilleures confitures
Qu'on édulcore à Tempé.

Et, quand le rayon plein d'ambre,
De l'abeille, fait défaut,
Du soleil, s'il le lui faut,
C'est le rayon qu'elle chambre.

XLIII

Un jeune homme très bien fait...
    MILLE ET UNE NUITS.

Mon ami *Mustapha*, dont le nom dit *bonheur*,
Des Mille et une Nuits est un beau personnage.
« Jeune homme très bien fait », il tient en grand honneur
D'avoir été déjà dans Paris, à son âge.

Le khief et le café, la toilette et le bain
Semblent constituer le plus clair de son acte ;
Et, vierge, conserver le noir de l'escarpin
Sur la blancheur des bas qui doit rester intacte.

La jupe aux mille plis de ses pantalons bleus
Bouffe dans ce décor brossé par Déterle ;
Ses deux gilets, sa veste aux grelots merveilleux
Où rougit du corail la minuscule perle.

XLIV

VISITE AU VIZIR

Ces beaux Orientaux se donnant l'accolade,
    Ont du charme, vraiment,
Comme une force qui séduit, sans rien de fade,
Et comme un lionceau qui se ferait aimant.

Leurs femmes sont là-haut à cuisiner de l'ambre
    Pour faire des colliers,
Avec de l'aloès, du santal ; et leur chambre
Est une cassolette aux parfums par milliers.

Elles savent la loi de noire aphrodisie
    Que ce charme accomplit,
Et qu'il sied de ne point omettre, en Tunisie,
Où l'impuissance triste accompagne le lit.

La clarté de leur chair se rehausse de l'ombre
    De ces bijoux de poix
Dont les perles et l'or vont espaçant le nombre,
Mêlant odeur et feux, ombre et flamme, à la fois.

VISITE AU VIZIR

Des boutons d'orangers comme une perle vive
        Enfilent, sous leur main,
Leurs gouttes de parfums, leur *qui m'aime me suive*
A l'arome émané de mon linge en jasmin.

Pour des noces d'amis, s'apprêtent les toilettes :
        Cinq costumes par jour
Qu'il faut, cinq jours durant, parsemer de paillettes
Poudrer de poudre d'or qui rehausse l'atour.

Soit vingt-cinq grands habits pour un seul mariage ;
        Chacune en porte autant ;
Elles sont là deux cents qu'à travers nul grillage
Nul ne peut voir, se jalousant et jabotant.

*
* *

Eux, ils sont au jardin ; sans parler nous promènent,
        Où ne causant que peu ;
Disant : « Toutes les fleurs ici vous appartiennent :
Calcéolaire brun, et cinéraire bleu. »

Et lorsque je m'en vais, pour mémoire jolie,
        En quittant le chibouck,
La présentation, en formule polie,
D'un grand bouquet offert par le petit Zhérouck.

XLV

ZAOUIA*

La *Medreça*** n'est point école de vertus,
Pour ces jolis *taleb* aux yeux mols et battus,
Dont toute l'attitude efféminée indique
Qu'ils s'offrent à des jeux où la nature abdique.
Ils coulent des regards alanguis par le *kohl* ;
Un peigne toujours prêt se suspend à leur col :
De leurs doigts le *henné* fait rougir la dizaine
Qui copie avec soin les mots d'un texte obscène.

* Monastère.
** École.

XLVI

KEBILA

Mes voisines sont étranges :
Elles ont des peaux d'oranges
Et des culottes de Turc ;
Elles marchent sans babouches,
Elles respirent sans bouches
Sous leur porte en forme d'arc.

Elles ont une terrasse
Où la corneille vorace
Fraie avec le mol pigeon ;
Elles montent et descendent
Leur escalier où faisandent
Des taches de badigeon.

Ce sont des femmes kabyles
Avec des fronts de sibylles
Et de rutilants chiffons ;
Des laines bariolées,
Des faces vitriolées,
Des croupetons de griffons.

Elles sont coloriées,
Elles sont historiées
De démon et de divin ;
Et consultent les nuages
Qui suspendent leurs images
Au bord du ravin Davin.

Aux verres de mes lorgnettes
Elles mettent des vignettes
Qui, du soir jusqu'au matin,
Semblent illustrer la plume
Et commenter le volume
Du délicat Fromentin.

Mes voisines sont bizarres,
Shéhérazades ignares,
Dinazardes de hazard,
Elles ont le chrysocale
De cette couleur locale
Que l'on achète au bazar.

Mes voisines de mystère
Mêlent le doux à l'austère,
Et le charme, à la vertu ;
Aussi m'en préoccupè-je
Sous mon amandier qui neige
A pétales que veux-tu...

XLVII

TOMBELLE

Sous l'arbre encore imberbe,
Au tronc d'un gris de lin ;
Quelque chose, dans l'herbe,
Qui fait un orphelin.

Une gentille tombe
Que peindrait bien Helleu ;
Aucun deuil n'y surplombe,
Elle est vouée au bleu.

Un recoin de faïence.
Une auge de gazon
Qui, sur ce mur, s'agence
Sans fleurs hors de saison.

Pas une note noire,
Aucuns regrets aigris ;
Plutôt une baignoire
Qu'on a vouée au gris.

Une épitaphe inscrite,
De ce nouveau venu
Énumère un mérite
Qui nous est inconnu.

Simple mangeoire nette,
Sans attribut troublant ;
Douce bercelonnette
Qu'on a vouée au blanc.

Sous l'arbre à peine sombre,
Au rameau d'un gris fin,
Quelque chose, dans l'ombre,
Qui se repose enfin !

XLVIII

BASRA*

Des iris blancs, des pois de senteurs noir et blanc
    Mêlent leur demi-deuil
Sur ce terrain qui d'être un tombeau fait semblant,
    Pour ces morts sans cercueil.

Puis l'envahissement, par-dessus leurs squelettes,
    De verdures sans frein
Que le marbre gravé surmonte de palettes
    Au hasard du terrain.

A peine un chat léger sur une tombe glisse,
    Électrique rôdeur
Pour la millième fois lissant sa robe lisse,
    Assoiffé de candeur.

Pas un sot attribut sous lequel on se sente
    S'indigner et plier...
Une femme debout au milieu d'une sente
    Égrène son collier.

* Contrée couverte de pierres blanches.

Des gaîtés de faïence aux carreaux bleus et jaunes,
   Verdoyants, lilassés,
Qui plutôt à des bains font ressembler ces zones,
Des bains lavant les corps et les âmes, lassés.

à M. Henri de RÉGNIER.

XLIX

OUAILLES

Une illusion étrange,
Ce soir, me vint du vallon
Où s'apâlit et se range
Le funéraire salon ;

Le salon des tombes blanches
Et des moutonnants tombeaux
Qui semblent, entre les branches,
De mystérieux troupeaux.

Or, tout à coup, des verdures
Dont s'entr'ouvrent les festons,
Surgissent les formes pures
D'un vrai troupeau de moutons.

Alors je crois voir, sans râles,
Vers moi, par un triste aimant,
Le troupeau des tombes pâles
S'acheminer doucement.

Ne suis-je pas cimetière
De bien des mortes douceurs
Qui me doivent, tout entière,
La visite des blancheurs.

Et des brebis encor pleines,
Et des caveaux mieux remplis,
Se confusionnent laines
Et linceuls, toisons et plis.

L

CHANT DE VEUVE

« Il avait éveillé la tendresse, en mon cœur ;
Il est parti, faisant le vide en ma demeure.
Ma raison me délaisse et se tourne en langueur...
N'aurai-je plus de joie, à moins que je ne meure ?

« O visage plus beau que le verger d'Eden,
La tombe, désormais, de silence t'arrose ;
La tombe, ce n'est pas le Ciel, ni le jardin ;
Et cependant j'y vois la lumière et la rose.

« Je me demande où vont de si tendres humains...
Le regret, dans mon cœur, se plie et se déplie ;
L'ennui se roule et se déroule, entre mes mains,
Et mon âme, d'obscurité, semble remplie.

« Lèvres dont le baiser découlait comme un miel,
La tombe a-t-elle fait, de vous, de la poussière ?...
— La tombe, ce n'est pas le jardin, ni le Ciel,
Et cependant j'y vois la fleur et la lumière. »

LI

VIRGO NIGRA

J'aime fort cette Vierge noire,
Madone du Ciel Africain ;
Elle unit l'ébène à l'ivoire
En rapprochant le publicain,

Le publicain de couleur sombre
Et le pharisien blanchi ;
Elle fait fraterniser l'ombre
Avec la flamme, au Ciel fléchi.

Elle fait rêver que les nègres
Ont leur part du Divin Amour
Et rencontrent des dieux intègres
Pour les récompenser, un jour ;

Qu'une *Myriem* de leur race
Au Paradis veut bien planer
Pour que chacun, demain, s'embrasse,
Trouvant, pour son compte, à glaner,

Un regard qui, sur tous, s'épanche
En légitimant les espoirs
Des yeux noirs, dans la face blanche,
Et, des yeux blancs, sous les fronts noirs.

ITINÉRAIRE

Sta viator !

Sans l'ennui du voyage et du chemin de fer,
En lisant un voyage, aller faire un voyage
Aux sables du désert, aux rochers de la mer,
Sans fatigue, sans bruit, sans paquet ni péage.

Cueillir les lotus bleus, dans le livre, au réveil ;
Voir un portique blanc dont l'arceau se découpe
Sur un ciel rose pâle, et qui semble une coupe
Renversant sur le marbre un vin de pur soleil.

Surprendre l'hypogée et pénétrer la crypte
Où la lampe encor veille ainsi qu'un œil de lynx ;
Et, parmi ton mystère, hiératique Égypte,
Violer la Chimère et dévoiler le Sphinx,

Sous ta conduite, ô cher Gautier qui me charmais,
Voyageur irréel et cependant si juste !
Dont, à la vérité, la vision s'ajuste,
Et qui décris le lieu, sans s'y rendre jamais.

Par le flot noir et blanc des beaux feuillets étales,
Naviguer au Bosphore, ou mouiller à Lesbos ;
Et, sans diminuer de l'utile repos,
Visiter l'Orient dans les *Orientales*.

TABLE

		Pages.
Le Parcours du Rêve au Souvenir.		v

VIATIQUE

Tu poses tes soucis comme on pose son verre...	3

CLOCHERS

I	Vous qui fûtes *Judith Walter*.	9
II	Offrande.	10
III	La Souris Rouge.	11
IV	Sous le Notos hurleur ou sous l'Euros paterne...	12
V	O mon âme, viens-t'en vers ces beaux bords bretons...	13
VI	Marines.	17
VII	*Marique Terrâque*.	18
VIII	Silhouettes.	20
IX	*Sub sole*.	23
X	Quimper est une aimable ville...	27
XI	Semences.	29
XII	*Hodierna*.	31
XIII	En somme rien n'est plus notoire...	35
XIV	Algue vive.	37
XV	On ramasse, dans cette baie...	41
XVI	A la poursuite d'une rime...	42
XVII	A Prat-en-Raz, près Kéridreuf...	44
XVIII	Courriers.	47
XIX	Le Même au Même.	50
XX	Le Même à la Même.	52

		Pages.
XXI	J'aime la halte en une église...	54
XXII	Paris est océan, flux un peu bien houleux...	56
XXIII	*Kind Regards*	58

MOULINS

I	Vous avez la splendeur admirable et profonde...	63
II	*Molen*.	64
III	*Rus*	66
IV	*Urbs*.	68
V	Vol d'oiseau.	71
VI	Couleur locale.	73
VII	C'est la charmante ville aux fenêtres fermées...	74
VIII	Ding-Dong.	75
IX	Cri-Cri.	76
X	Œillet d'Inde.	79
XI	*Alter ego*	85
XII	Incognito.	86
XIII	Tablée	90
XIV	Promise.	91
XV	Mer du Nord.	94
XVI	Griffonnages en différents sens	96
XVII	Palme.	101
XVIII	Je vis retiré dans ce Haarlem...	103
XIX	Puisque tu ne veux pas de moi...	106
XX	Tu te clos comme une tulipe...	107
XXI	Rien... des hochements...	111
XXII	O Haarlem, ô ville fermée...	115
XXIII	O Haarlem la bourgeoise...	117
XXIV	Quel lugubre Amphion, Haarlem, ô ville terne...	129
XXV	Ayant donc résolu de détruire Haarlem...	130
XXVI	C'est assez de zizanies...	131
XXVII	C'était fini de mon vers qui t'offusque...	133
XXVIII	Patronne.	134
XXIX	Est-ce ton bois superbe, ou ton beau parc-aux-daims...	139
XXX	*Vitulæ*	141
XXXI	*Super flumina*.	143
XXXII	Filandières.	148
XXXIII	Chant du Départ.	150

TABLE

NÉVÉS

		Pages.
I	Vous êtes la préférée..	155
II	De notre fenêtre l'on voit…	156
III	*Væ*	159
IV	*Confitentem.*	165
V	Ce pays est énorme…	169
VI	Fac-similé	171
VII	Cours de route.	173
VIII	Signalement.	177
IX	Tremolo.	179
X	Circonstance atténuante.	183
XI	Risques et Périls.	190
XII	Buveurs d'air	192
XIII	Commensaux	194
XIV	Payse.	198
XV	Vocations	200
XVI	Coryphées et Comparses	203
XVII	Étoiles	207
XVIII	*Pauper*	212
XIX	Revanche	214
XX	Les Engadinais émigrent…	217
XXI	Conseils.	221
XXII	Ennemis.	225
XXIII	*Nuptias fecerunt*	229
XXIV	Pot-pourri, c'est bien dit ; mais pot-pourri d'Auber.	233
XXV	*Tintinnabula*	235
XXVI	Objets perdus	237
XXVII	Ces montagnes ne sont que vieilles Danaés…	241
XXVIII	Nivôses d'Été	243
XXIX	Robes.	249
XXX	Crevasse.	253
XXXI	Les montagnes ont mis leur bonnet de coton…	258
XXXII	Graal.	260
XXXIII	La Cause	262
XXXIV	Cloître	265
XXXV	Épigraphes et Épigrammes.	268
XXXVI	Autres Griffonnages en différents sens	270
XXXVII	Finale.	276

GONDOLES

		Pages.
I	Siffleur	283
II	*Laghi*	284
III	Vigiles	286
IV	*Columbatim*	288
V	*Venezia*	295
VI	*Marmora*	296
VII	Temple	298
VIII	Images	300
IX	Nouveaux Griffonnages en différents sens	302
X	Déférence	308
XI	*Vetri*	309
XII	Barcarolle	312
XIII	*Gondola*	314
XIV	Les luttes d'Amsterdam deviennent difficiles...	315
XV	Moments Vénitiens	318

BRUMES

I	*Nikè*	323
II	*Niall*	324
III	Je voudrais bien écrire une chose sur Londre...	325
IV	Des qualités de jours qui sont faits de pénombres...	328
V	Un coucher de soleil dessus la *Serpentine*...	330
VI	Réclame	332
VII	Dans *Old bond Street*, dès l'entrée...	333
VIII	Dame de Cœur	334
IX	Détails	335
X	*Cup of tea*	337
XI	Outre-Manche	338
XII	*Nox et Lux*	341
XIII	*King*	342
XIV	Gésine	347
XV	Hydre	348
XVI	Guernesey	349
XVII	Bethsabée	351
XVIII	Prince Edie	370

PALMES

		Pages.
I	« *Car, comme je scay si douce...* »	375
II	Je donne à mes Rêveries...	376
III	L'écume est dentellière...	378
IV	Alger s'allège...	380
V	*Zenga*.	382
VI	Sérée.	384
VII	L'Homme-Femme.	385
VIII	Chrysostomes.	386
IX	Métiers.	389
X	Shéhérazade.	390
XI	Barbier.	392
XII	Petits Noms.	393
XIII	Dons.	394
XIV	« Voyage ! un autre ami vaut celui que l'on quitte... »	396
XV	Ayant marché vingt jours, le frère de Perviz...	397
XVI	Si j'avais écrit, moi, le conte des trois Princes...	399
XVII	Concert spirituel.	400
XVIII	Haroun.	403
XIX	Zobéïde.	404
XX	Mamoun.	405
XXI	Haçan n'épargna rien aux Noces Califales...	406
XXII	Pique-Assiette.	407
XXIII	Oui, le temps a deux jours ; oui, la vie a deux vies...	408
XXIV	Quand le fils de Celui qui fut Roi des Kindides...	409
XXV	Le Jugement des Oranges.	412
XXVI	Le dix-neuvième fils de David, Salomon...	413
XXVII	Les Gnômes sont connus, les stryges, les willis...	422
XXVIII	Balkis.	427
XXIX	Balkis et Salomon, lorsque ce prince dut...	428
XXX	Transparent.	430
XXXI	Le Pèlerinage.	431
XXXII	Ce qui n'aurait le poids que d'un grain de moutarde...	433
XXXIII	Mounkir et Nakir.	434
XXXIV	La femme avait deux fils d'une beauté pareille...	435
XXXV	N'emportez pas les morts loin des champs de batailles...	436
XXXVI	*Djennat*.	437
XXXVII	*Haceldama*.	439

		Pages.
XXXVIII	Lazare	441
XXXIX	Mon palais de porcelaine...	442
XL	Toujours mêmes plaisirs, toujours mêmes chagrins...	444
XLI	Millénaire	446
XLII	Mohammed ben Meudarba...	448
XLIII	Mon ami *Mustapha*, dont le nom dit *bonheur*...	449
XLIV	Visite au Vizir	450
XLV	*Zaouia*	452
XLVI	*Kebila*	453
XLVII	Tombelle	455
XLVIII	*Basra*	457
XLIX	Ouailles	459
L	Chant de Veuve	461
LI	*Virgo Nigra*	462

ITINÉRAIRE

Sans l'ennui du voyage et du chemin de fer...	467

GEORGES RICHARD
IMPRIMEUR - ÉDITEUR
7, RUE CADET
PARIS

GEORGES RICHARD
IMPRIMEUR - ÉDITEUR
7, RUE CADET
PARIS

www.ingramcontent.com/pod-product-compliance
Lightning Source LLC
Chambersburg PA
CBHW050603230426
43670CB00009B/1236